Nick Böhnke

Berührung im Entzug

Struktur, Temporalität und Haptik des malerischen Handelns an den frühen Strukturreliefs Günther Ueckers

The Withdrawn Touch

Structure, Temporality, and Haptics of Painterly Action in Günther Uecker's Early Structural Reliefs

gu

Deutscher
Kunstverlag

NICK BÖHNKE

NOTIZEN 3
ZU UECKER

Inhalt | Contents

Katharina Neuburger

Vorwort

Seit 2022 gibt das GUI die zweisprachige deutsch-englische Schriftenreihe *Notizen zu Uecker* heraus, deren Akzent auf einer lebendigen Auseinandersetzung mit dem Werk Günther Ueckers liegt. Veröffentlicht werden Forschungsarbeiten, die einzelne Werkgruppen ebenso in den Fokus nehmen wie diskursive Verankerungen der Arbeit des Künstlers oder zeitgenössische Debatten darüber. Die Reihe ist explizit als Raum für essayistische ‚Notizen' konzipiert – wir verstehen unsere Publikationen als Angebot an junge Kunstwissenschaftler*innen, ihre innovativen Forschungsansätze zu veröffentlichen und sie einer interessierten, kritischen und internationalen Leser*innenschaft zur Disposition zu stellen.

Mit Nick Böhnkes Beitrag *Berührung im Entzug. Struktur, Temporalität und Haptik des malerischen Handelns an den frühen Strukturreliefs Günther Ueckers* liegt nun Band 3 der *Notizen zu Uecker* vor. Diese Forschungsarbeit entstand im Rahmen des 2022 an Nick Böhnke vergebenen Forschungsstipendiums, das bereits seit 2017 jährlich vom GUI ausgelobt wird. Der Text beschreibt die Wirkung der ‚Strukturreliefs' Ueckers als relationales Ereignis und ist in den Kontext des übergeordneten Forschungsinteresses des GUI mit dem Schwerpunkt der ‚künstlerischen Handlung' eingebettet. Im Zentrum der Untersuchung Nick Böhnkes stehen die *Strukturbilder* und die Werkserie der *Fingermalereien* des Künstlers, die bereits in den 1950er-Jahren entstanden sind. Die filigranen *Strukturbilder* befinden sich noch heute im Privatbesitz Günther Ueckers, der sie bei einem Atelierbesuch im Rahmen unseres Workshops „Der Zustand des Erlebens, oder: *ars activa*" im November 2023 in Düsseldorf unserer kleinen Delegation eigens zeigte. Die bei dieser Gelegenheit unmittelbar erlebten Werkgruppen Ueckers heben, so der Autor, die Bedeutung des Tastsinns im Wirken der Bilder hervor und machen beobachtbar, wie sich die Werke nichtsdestotrotz der tatsächlichen Berührung im Betrachten entziehen. Mit dem Autor lässt sich feststellen, wie Uecker die Betrachter*innen konsequent auf das reine Sehen zurückverweist. Wenn auch die Wirkung von Berührung im Blicken konzeptuell verständlich werden kann als Teil des relationalen Feldes eines Bildwerkes, bleiben – so ließe sich Nick Böhnkes Analyse zuspitzen – sowohl Ueckers *Strukturbilder* als auch die *Fingermalereien* in einem Zustand, der sich im ‚Entzug' entfaltet, oder anders ausgedrückt: Sie können nie vollumfänglich von den Betrachter*innen erfasst oder buchstäblich ‚begriffen' werden. Mit der Inszenierung von sinnlichem ‚Entzug' findet der intensive Zeiteinsatz der Umsetzung der Bilder durch den Künstler, dem Autor gemäß, sein Pendant im Erkunden derselben mit den Augen durch die Betrachter*innen. Somit findet Nick Böhnkes Text seine Bedeutung auch in der Erweiterung der Rezeption von Ueckers Werk durch die Betonung der dialektischen Auseinandersetzung von unerfüllter sinnlicher Begierde und rationalem Erfassen.

Ich danke Nick Böhnke für sein unermüdliches Engagement und die intensive Arbeit an dem Forschungsthema *Berührung im Entzug*, ausgehend von der Untersuchung *Durchdringungen des Raums*, seinem Projekt während des Stipendiums. Mein Dank gilt Günther und Jacob Uecker für ihre Gastfreundschaft und ihre Hilfe in allen Recherchefragen sowie dem Team des GUI, unserem Vorstand und Antonia Gradnitzer. Mein herzlicher Dank gilt außerdem dem Deutschen Kunstverlag und insbesondere Pablo Schneider. Johanna Neuburger danke ich für die Gestaltung und Begleitung der Produktion der Schriftenreihe, Christine Wölfle für das Lektorat und Everett F. Mason für die Übersetzung des Textes.

Die Herausgeberin
Stuttgart, den 1. April 2024

Katharina Neuburger

Foreword

Since 2022, the GUI has been publishing the bilingual German-English series *Notes on Uecker*, focusing on fresh approaches to the work of Günther Uecker. These research-based works engage with both individual and groups of works by Uecker and reveal the discursive anchoring of his wide-ranging practice and the contemporary debates surrounding it. The series has been explicitly conceived as a space for essayistic 'notes,' an offer to young scholars of the visual arts and related fields to publish their innovative research and make it widely available to an interested, critical, and international readership.

Nick Böhnke's contribution *The Withdrawn Touch: Structure, Temporality, and Haptics of Painterly Action in Günther Uecker's Early Structural Reliefs* constitutes the third installment of our *Notes on Uecker* series. The text was developed in the context of the research grant awarded to Böhnke in 2022, which has been awarded annually by the GUI since 2017. It describes the effect of Uecker's 'structural reliefs,' understood as a relational event, and finds itself comfortably embedded within the GUI's overarching research focus on 'artistic action.' At the center of Böhnke's investigation are Uecker's *Strukturbilder* (*Structure Paintings*) and the series of *Fingermalereien* (*Finger Paintings*) that Uecker created in the 1950s. The intricate 'structural paintings' are still privately owned by the artist, who showed them to our small delegation during a studio visit in November 2023 as part of our workshop "The Condition for Experience, or: *ars activa*" in Düsseldorf. As Böhnke argues in his text, the work groups we saw that day foreground the significance of our tactile sense through the 'effectiveness' of their images, making it possible to observe the way in which the works nonetheless elude actual touch when viewed. He also points out Uecker's consistent referral of the viewer to the realm of a pure seeing. Even if the impression of a haptics in looking can be conceptually understood as part of the relational field of an image, both Uecker's *Strukturbilder* and the *Fingermalereien* remain, as Nick Böhnke's analysis suggests, in a state of 'withdrawal' and can never be fully comprehended—literally *grasped*—by the viewer. The setting in motion of this 'withdrawal' of the works from the senses reveals the role of different modes of time inscribed into the realization of the images by the artist, modes which, the author suggests, find their counterpart in the eyes of the viewer as they encounter the works. Böhnke's text is thus also an important expansion of the receptive field of Uecker's work, emphasizing the dialectical confrontation between unfulfilled sensual desire and rational comprehension.

I would like to thank Nick Böhnke for his commitment to his scholarly vision and intensive work on his research themes, beginning with his investigation *Durchdringungen des Raums* (*The Penetration of Space*), as his project in the context of the fellowship was titled. I would like to thank Günther and Jacob Uecker for their hospitality and support of our research, as well as the GUI team, our board and Antonia Gradnitzer. I would also like to thank Deutscher Kunstverlag, especially Pablo Schneider. I thank Johanna Neuburger for her book design and supervision of the series' physical production, Christine Wölfle for her editing, and Everett F. Mason for his translation work.

The Editor
Stuttgart, April 1, 2024

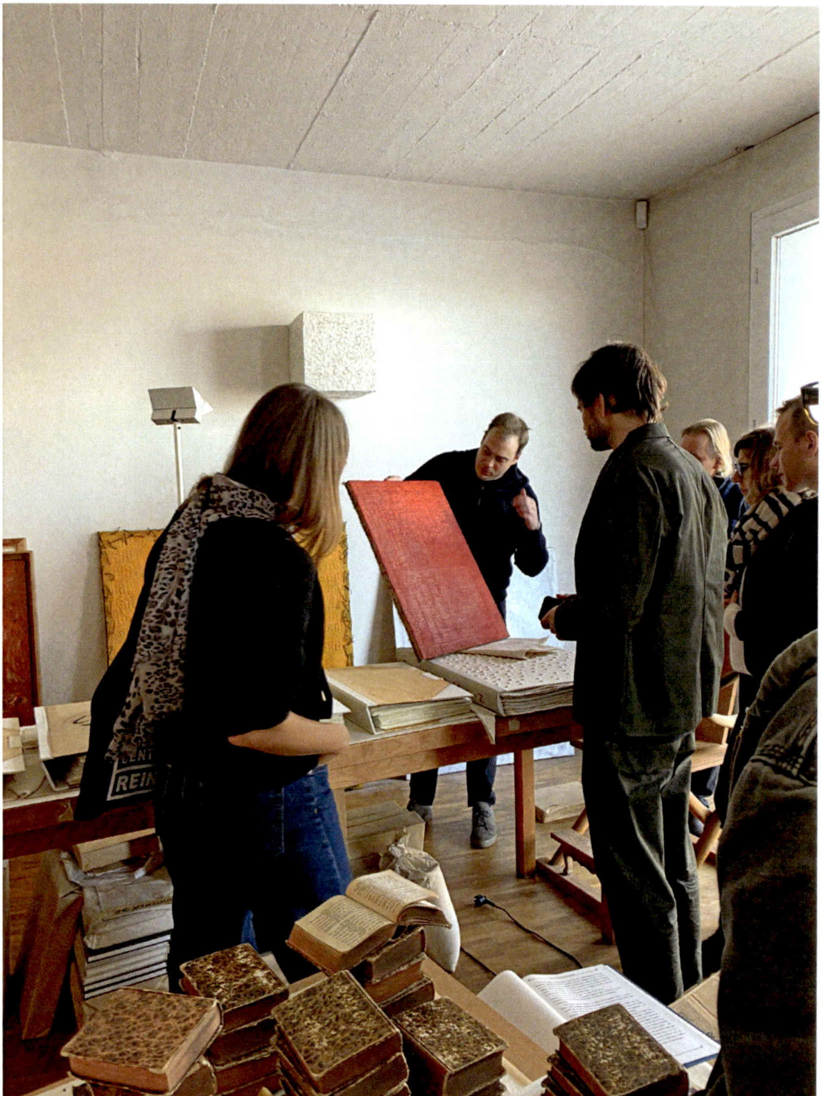

Jacob Uecker zeigt *Strukturbilder* im Atelier von Günther Uecker | shows the work *Structural Paintings* in Günther Uecker's studio | Düsseldorf, November 2023

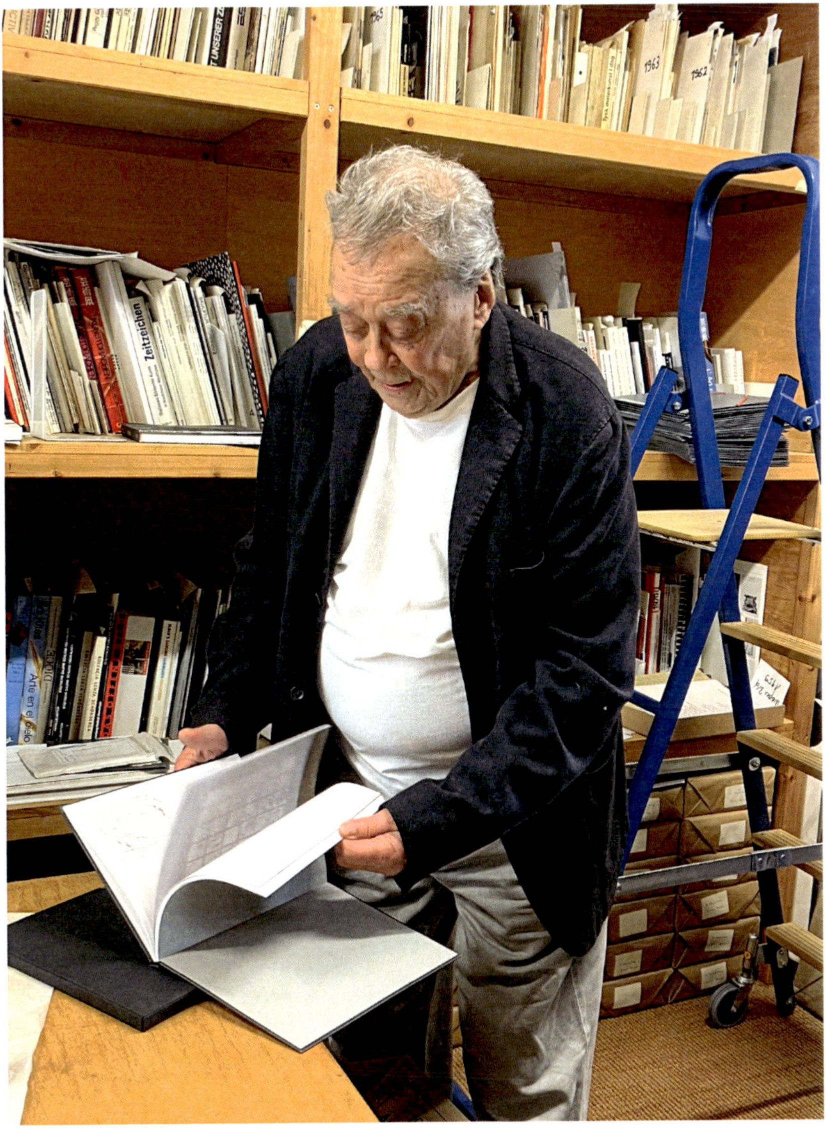

Günther Uecker in seinem Atelier-Archiv | in his studio/archive, Düsseldorf, November 2023

Nick Böhnke

Berührung im Entzug

Struktur, Temporalität und Haptik des malerischen Handelns an den frühen Strukturreliefs Günther Ueckers

In weißer Farbe ziehen sich die Spuren jener Finger, die einmal das Papier berührten und es mit Farbe benetzten, über die fotografischen Abzüge, die Günther Uecker bei der *Entwicklung eines Werkes*, den *Bildritualen* (1981, Abb. 1–3)[1] zeigen. Weil das Bild alles zeigt, weil alles an ihm in dem Moment, da es vom Blick seines Betrachters[2] abgetastet wird, sichtbar ist, verstellen die Übermalungen den Blick auf den Bildraum der Fotografie. Und zugleich vermittelt das additive Prinzip der Collage, das Zusammenfügen der Fotografie und der auf sie aufgebrachten Farbe das Verstellen selbst in den divergierenden Ebenen von Raum und Zeit.[3] Der Begriff des ‚ikonischen Präsens' bezeichnet diese gleichmäßige und doch differenzierte Vergegenwärtigungstendenz des Bildes.[4]

[1] Nachweis und Nummerierung der Strukturreliefs folgen dem 1983 erschienenen Werkverzeichnis: Dieter Honisch: *Uecker*, Werkverzeichnis bearb. von Marion Haedeke, Stuttgart 1983 (im Folgenden abgekürzt WV Honisch 1983).

[2] Das generische Maskulinum im Begriff des von Wolfgang Kemp in die Rezeptionsästhetik der kunst- und bildwissenschaftlichen Forschung eingeführten ‚impliziten Betrachters' meint das Gattungswesen ‚Betrachter'. Demgemäß verweist der Gattungsbegriff ‚Betrachter' weder auf das nach biologischem oder sozialem Geschlecht noch nach Alter, Bildung oder Stand ausdifferenzierte Individuum. Wolfgang Kemp: „Kunstwissenschaft und Rezeptionsästhetik" (1985), in: ders. (Hg.): *Der Betrachter ist im Bild. Kunstwissenschaft und Rezeptionsästhetik*, erweiterte Neuaufl., Berlin 1992, S. 7–27; Wolfgang Kemp: *Der explizite Betrachter. Zur Rezeption zeitgenössischer Kunst*, Konstanz 2015, S. 9.

[3] Diane Waldman: *Collage und Objektkunst vom Kubismus bis heute*, übers. von Manfred Allié, Köln 1993, S. 11.

[4] Dirk Westerkamp: „Der dramatische Moment. Fünf Reflexionen über ikonische Prägnanz", in: *Zeitschrift für allgemeine Kunstwissenschaft*, Jg. 58, Nr. 1, 2013, S. 35–55, hier S. 36f.

Rolf Schroeter inszenierte Uecker in einem gleichmäßig hell ausgeleuchteten Fotostudio, sodass sich in der aufgenommenen Fotografie der vorbereitete Bildgrund der schwarzen Bespannung des Keilrahmens optisch deutlich gegen den Raum absetzt. Der am Boden liegende Malgrund ist auf den Körper Ueckers bezogen: Die Weite seiner ausgebreiteten Arme und die Statur des Malers geben dem hochrechteckigen Bildfeld sein Maß. Ausschnitt und Struktur des fotografischen Bildraumes sind derart gesetzt, dass der Eindruck entsteht, man blicke aus geringer Distanz und von leicht erhöhtem Standpunkt auf Uecker, der auf dem Malgrund kniet. Den Oberkörper zum Grund hinabsenkend und in Begriff, die Arme zum Äußersten auszubreiten, berühren seine vom Malen ganz geweißten Hände den Grund. Der Maler berührte die Farbe, als er sie für das Malen vorbereitete und seine Hände in sie tauchte, und er berührte sie nochmals, als er sie auf den Grund aufbrachte, dabei auch diesen berührte und die sichtbaren Gesten seiner Hände hinterließ. In ihnen scheint noch die Präsenz des gesamten, in den Akt des Malens involvierten Körpers auf.[5]

Uecker suchte die Kollaboration mit Schroeter, weil sich das Erscheinen des vollzogenen malerischen Handelns im Moment seines Ereignens verflüchtigte. Dass die ephemere künstlerische Handlung davor bewahrt worden ist, zu verschwinden, ist der Effekt des Zusammenwirkens des sehend und in unmittelbar leiblicher Nähe zum Künstler agierenden Fotografen mit dem sich im Nu eines einmaligen, unwiederbringlichen Augenblicks im Sichtbaren zeigenden malerischen Handeln. Dieses Sichtbare wurde in einer bildhaft-fotografischen Konstellation fixiert.[6] In der Fotografie ist der Vollzug des malerischen Handelns „ins

[5] Vgl. Mark Lammert im Gespräch mit Jean-Luc Nancy: „Eine Art Illusion des Erreichens“, in: Kristin Marek/Carolin Meister (Hg.): *Berührung. Taktiles in Kunst und Theorie*, Paderborn 2022, S. 243–253, hier S. 246f.

[6] Vgl. Eva Schürmann: „Erscheinen als Ereignis. Zeittheoretische Überlegungen zur Fotografie“, in: Emmanuel Alloa (Hg.): *Erscheinung und Ereignis. Zur Zeitlichkeit des Bildes*, München 2013, S. 17–38, hier S. 25.

Bild [ge]wachsen"[7] und als ein anderes erscheint das vorübergehend Erschienene nun zum zweiten Mal im Bild und unter dessen Bedingungen.[8]

Mit den collageartigen Übermalungen der Abzüge ist eine Instanz eingesetzt, die das zum zweiten Mal im fotografischen Bild erscheinende Berühren des Malgrundes des gerade entstehenden Bildes mit der in den Übermalungen erstmals gegebenen Sichtbarkeit der händischen Gesten vermittelt. Breitete sich der körperlich-haptisch realisierte (Handlungs-)Raum des malerischen Handelns *in actu* als ein Geflecht beweglicher und in der Variabilität der Zeit zueinander in Verbindung gebrachter Elemente in der Horizontalen des Bildgrundes aus, so verfestigten sich die Elemente zur Überschaubarkeit eines Bildfeldes in jenem Moment, da die übermalte Fotografie in die Vertikale ihrer Aufhängung an der Wand gekippt wurde.[9] Wie ein ‚Kraftfeld' bündeln die Übermalungen die dynamisch-temporalen Indikatoren, in denen das (handlungs-)räumliche Bewegungspotenzial aufgehoben ist.[10]

In ihrer Gestik scheint dieses Potenzial auf. Zwischen den mit künstlerischen Mitteln optimierten bildlichen Strukturen und den von ihnen ausgelösten Akten des Rezipierens entfalten sich spezifische Wirkungen, die den Betrachter zur Fotocollage situieren.[11] Er deutet die Übermalungen als Spuren des Ausbreitens der ausgestreckten Arme,

[7] Heinz-Norbert Jocks: „Der Dialog mit dem Staub der Welt. Ein Gespräch mit Günther Uecker", in: *Kunstforum International*, Nr. 182, 2006, S. 184–203, hier S. 193.

[8] Schürmann 2013 (wie Anm. 6), S. 28.

[9] Vgl. Michel de Certeau: *Kunst des Handelns*, übers. von Ronald Voullié, Berlin 1988 (1980), S. 217f. Michel de Certeau unterscheidet zwischen Orten und der sie fundierenden Gestaltung von Räumen. Während ein Raum in der Verbindung von Richtungsvektoren mit der Variabilität der Zeit konstituiert ist, ein Raum also durch taktiles Wahrnehmen und kinästhetische Aneignung in je singulären und in ihrer Diversität schier unüberschaubaren Handlungen gestaltet wird, ist ein Ort eine momentane Konstellation fester Punkte. Werden die temporären Akte des Handelns und Vorübergehens durch Punkte markiert, damit diese, mittels reversibler Linien miteinander verbunden, eine kartierte Draufsicht auf die und eine Übersicht der nebeneinanderstehenden Orte erlauben, sei lediglich noch ein Überrest der Aktivität wahrnehmbar, der in die Zeitlosigkeit einer Projektionsfläche versetzt ist. Ebd., S. 188f.

[10] Gottfried Boehm: „Form und Zeit. Relationen zwischen Bild und Performance", in: Erika Fischer-Lichte/Kristiane Hasselmann (Hg.): *Performing the Future. Die Zukunft der Performativitätsforschung*, München 2013, S. 241–252, hier S. 246.

[11] Vgl. Wolfgang Kemp: *Der Anteil des Betrachters. Rezeptionsästhetische Studien zur Malerei des 19. Jahrhunderts*, München 1983, S. 32.

die allmählich an den Körper gelegt und gebeugt wurden, bis die Hände einander in der Körpermitte berührten. Er bezieht also die auf der Oberfläche des Abzugs erstmalig sichtbar werdenden Spuren auf das vorübergegangene und in der Fotografie zum zweiten Mal sichtbar gemachte Erscheinen des malerischen Handelns als Prozess der Entwicklung eines Werkes.

Dies ist der besondere Wert des additiven Prinzips der Collage: Sie stiftet eine Relation zwischen der Bildbetrachtungszeit, der Bildinhaltszeit und der Bildentstehungszeit.[12] Vermittelt das Medium der Fotografie üblicherweise den Anschein, die unüberwindbare Trennung des Abwesenden durch Vergegenwärtigung zu tilgen, so wird die Vollzugszeit des malerischen Handelns, die Bildentstehungszeit, vermittels des additiven Prinzips der Collage auf jenen evidenten Moment verknappt, in dem das Optimum an Geschehensdichte präsentisch zum Durchscheinen gelangt.[13] Der Betrachter rührt an den Vollzug einer malerischen Handlung, die ihm als eine in der Zeit uneinholbar vorübergegangene präsentiert wird.[14]

[12] Dirk Westerkamp: „Schriftbildakte. Begriff, Probleme, Beispiele“, in: *Zeitschrift für allgemeine Kunstwissenschaft*, Jg. 63, Nr. 2, 2018, S. 285–301, hier S. 289–292. Dirk Westerkamp schlägt zur Bezeichnung ikonischer Relationen ein triadisches Bildrelationsmodell vor, das die ‚Bilderscheinung‘ (Relationalität von Bildträger, Bildobjekt und Bildsujet), den ‚Bildanblick‘ (Relationalität von Phänomensinn, Bedeutungssinn und Wesenssinn) und die ‚Bildzeit‘ (Relationalität von Bildbetrachtungszeit, Bildinhaltszeit und Bildentstehungszeit) aufeinander bezieht.

[13] Dirk Westerkamp bezeichnet solche Bildwerke als ikonisch prägnant, in denen das Ganze einer Handlung in äußerster Verdichtung im Punkt der Gegenwärtigkeit des ikonischen Präsens versammelt ist. Dirk Westerkamp: *Ikonische Prägnanz*, Paderborn 2015, S. 27.

[14] Vgl. Bernhard Waldenfels: „Spiegel, Spur und Blick. Zur Genese des Bildes“, in: Gottfried Boehm (Hg.): *Homo Pictor* (= Colloquium Rauricum, Bd. 7), München/Leipzig 2001, S. 14–31, hier S. 24f.

Flächige Inskriptionen

Seine ausgestreckten Arme und die zum Malgrund hingestreckten malenden Hände distanzierten Uecker vom Grund. Diese – wenngleich hier nicht allzu große – Distanz und Unterbrechung der gleichsam von sich selbst abgeschnittenen Welt nahm in der Bildfläche des Erscheinens Gestalt an.[15] Die (optische) Distanz konstituiert das Sehen dessen, was und wie das Bild zeigt, weshalb es, so Jean-Luc Nancy, wesentlich zur Malerei wie auch zum Bild im Allgemeinen gehöre, nicht berührt zu werden. Der Moment des Berührens, der Moment, da sich die Berührung im Malen vom Malgrund ablöste und sich aus der Nähe zurückzog, ist der in der Sichtbarkeit der Spuren des Malens aufgeschobene Entzug des Berührens.[16] Es bleibt, an die Intensität des Entzugs dessen zu rühren, was berührbar war, es im Bild aber nicht länger ist.[17] Hier zeigt sich allenfalls eine Ähnlichkeit mit den berührbaren Dingen. Dass sie selbst im Bild auch trotz größter Ähnlichkeit nicht gegeben sind, steht außer Frage. Bereits in den frühesten bekannten von Menschen als negative Abdrücke in der Cosquer-Höhle hinterlassenen Malereien von Händen sind dieser Moment des Rückzugs vom Malgrund wie auch der Entzug der Hände sichtbar.[18]

Dem eigenen Bekunden nach agiert Uecker denn auch in der „nicht ausreichenden sinnlichen Präsenz“[19] des Berührens und seines Rück- und Entzugs. Er suche danach, die „am Anfang unsichtbar berühr-

[15] Jean-Luc Nancy: „Höhlenmalerei“, in: ders.: *Die Musen*, übers. von Gisela Febel und Jutta Legueil, Stuttgart 1999 (1994), S. 105–119, hier S. 116.

[16] Jean-Luc Nancy: *Noli me tangere*, übers. von Christoph Dittrich, Zürich 2019 (2003), S. 69f.

[17] Jean-Luc Nancy: „Das Bild – das Distinkte“ (1990/2001), in: ders.: *Am Grund der Bilder*, übers. von Emmanuel Alloa, 2. Aufl., Zürich/Berlin 2012, S. 9–29, hier S. 21f.

[18] Bereits hier, in der prähistorischen Höhlenmalerei, findet Jean-Luc Nancy die „Figur eines unmöglichen Zugriffs oder einer abgebrochenen Geste“, weil die auf die flache Wand gepresste Hand nach nichts greift. Dies gilt als frühester Beleg dafür, dass die Hand nicht funktional als Greifhand begriffen ist. Mithin bieten diese Hände nichts weiter dar als die Geste des Darbietens selbst. Nancy 1999 (1994) (wie Anm. 15), S. 112.

[19] „‚Mein Scheitern ist meine Kunst‘ – Ein Gespräch zwischen Günther Uecker und Dieter Honisch am 27. März 1993“, in: *Der geschundene Mensch. 14 befriedete Gerätschaften*, Ausst.-Kat. Institut für Auslandsbeziehungen, Ostfildern-Ruit 1993, S. 12–52, hier S. 23.

t[en]" Flächengründe seiner Bilder in der Sichtbarkeit zu halten, um in der Malerei „ein begrenztes Feld menschlicher Proportion, ein Handlungsfeld" zu vergegenwärtigen.[20] Er vollzieht das Malen als ‚malerische Handlung'. Dies ist der Grund, weshalb S. D. Sauerbier den ebenso verwaschenen wie inflationär gebrauchten Begriff der Performance zur Bezeichnung dieses aktionistischen Malprozesses ablehnt: Er verdecke das Spannungsfeld zwischen der in die Horizontale verlagerten monochromen Malerei und der malerischen Handlung als Verrichtung einer Arbeit.[21]

Die malerische Handlung wird zu einer solchen, wenn den Inskriptionen in eine Oberfläche die Markierung und farbliche Differenzierung der gefärbten (Ober-)Fläche vorausgeht. Die in Farbe erscheinende Malfläche erhebt sich über dem Bildgrund und löst sich von ihm ab.[22] Deshalb geht der Handlung des Benagelns die malerische Handlung des Aufbringens einer das Bildfeld als solches konstituierenden Färbung voraus. Sie fundiert jede folgende Inskription als haptische, sich als Geste in der Zeit vollziehende „‚Hand'lung im wahren Sinne".[23] Bereits in der niederländischen Malerei des 17. Jahrhunderts wird mit dem ‚Handeling' die unmittelbare und aktive Einbindung der Hand und ihrer Motorik in

[20] Ebd.

[21] S. D. Sauerbier: „Von Handlungen. Ansichten zu Objekten, Ereignissen und Situationen", in: *Günther Uecker: Porträt Mensch,* Festschrift des Staatlichen Museums Schwerin, Wien 2016, S. 266–281, hier S. 267.

[22] Ludger Schwarte: „Negation durch Farbe – ein Versuch über die Kulturtechnik Malen", in: Meret Kupczyk/ders./Charlotte Warsen (Hg.): *Kulturtechnik Malen. Die Welt aus Farbe erschaffen,* Paderborn 2019, S. 21–45, hier S. 26. Bereits Walter Benjamin bemerkte, dass das malerische im Gegensatz zum grafischen Bild keinen Untergrund habe, weil eine Farbe nicht eine andere als Grund fundiere. Vielmehr erscheine die eine im Medium der anderen. Walter Benjamin: „Über die Malerei oder Zeichen und Mal" (1917), in: *Walter Benjamin. Gesammelte Schriften,* Bd. 2.2: *Aufsätze, Essays, Vorträge,* hg. von Rolf Tiedemann und Hermann Schweppenhäuser, Frankfurt a. M. 1977, S. 603–607, hier S. 606.

[23] Sybille Krämer: *Figuration, Anschauung, Erkenntnis. Grundlinien einer Diagrammatologie,* Berlin 2016, S. 95. Auch Bernhard Holeczek weist auf die Arbeit der Hände, diese praktische Seite des malerischen ‚Hand'elns Ueckers hin. Bernhard Holeczek: „Formalist oder Mystiker? Handlung und Sinn-Bild im Werk Günther Ueckers", in: *Uecker in Schwerin,* Ausst.-Kat. Staatliches Museum Schwerin – Kunstsammlungen, Schlösser und Gärten/Mecklenburgisches Staatstheater, Hamburg 1992, S. 14–19, hier S. 19.

den malerischen Formakt bezeichnet.[24] Die Handlungen der Hand resultieren in stabilen Markierungen, in denen die Sukzession der vollzogenen Bewegungen zur Überschaubarkeit eines simultan ansichtigen Bildfeldes als Ganzen geronnen ist.

Aus den beiden unteren Ecken diagonal in das Zentrum des Bildfeldes aufsteigend, ist die Temporalität des malerischen Handelns nunmehr in Parallelstrukturen auskristallisiert. In ihrer stabilisierten Sichtbarkeit fungieren die Übermalungen als strukturelle, Orientierung stiftende Markierungen des Bildfeldes. Sie sind die Bedingung dafür, dass es dem Betrachter gelingen kann, sich den Vollzug der malerischen Handlung zu vergegenwärtigen, ohne ihn abgebildet zu finden. Wesentlich ist, dass sich die Übermalungen auf die Zeit der Bildbetrachtung auswirken. Zum einen verstellen sie den Blick auf die Fotografie, zum anderen und maßgeblich wirkt sich jedoch die Vollzugszeit des sukzessiven optischen Abtastens des Bildfeldes aus. Der Betrachter realisiert die Zeit des optischen Abtastens als scheinbar sichtbar werdenden Vollzug der malerischen Handlung.[25] Bildentstehungs- und Bildbetrachtungszeit scheinen sich einander anzunähern.

[24] Das ‚Handeling' meint einen Prozess, der nicht haptisch gegen optisch, nah gegen fern setzt, sondern Bilder hervorbringt, die als eine gesamtkörperliche Aktion verstanden werden können. In anti-platonischer Konzeption (Idea-Konzept) wird der Hand des Malers eine denkende Funktion zuerkannt. Unter der Voraussetzung erreichter Virtuosität agiert die Hand als eine Art ‚extended mind'. Yannis Hadjinicolaou: „Malen, Kratzen, Modellieren. Arent de Gelders Farbauftrag zwischen Innovation und Tradition", in: Markus Rath/Jörg Trempler/Iris Wenderholm (Hg.): *Das haptische Bild. Körperhafte Bilderfahrung in der frühen Neuzeit* (= Actus et Imago. Berliner Schriften für Bildaktforschung und Verkörperungsphilosophie, Bd. 7), Berlin 2013, S. 227–252, hier S. 230f. und S. 247f.

[25] Vgl. Günter Figal: „Bewegung und Zeit im Bild. Philosophische Bildreflexion im Bezug auf Friedrich, Magritte, Turner und Twombly", in: Thomas Kisser (Hg.): *Bild und Zeit. Temporalität in Kunst und Kunsttheorie seit 1800*, München 2011, S. 341–351, hier S. 350f.

Kunstwerk und ‚ästhetisches Objekt'

Obwohl sie mit Blick auf den eigentlichen Gegenstand dieses Textes anachronistisch anmuten mögen, ist mit den bis hierhin angestellten Überlegungen eine Annäherung an die Haptik des von Uecker vollzogenen malerischen Handelns im Allgemeinen und den Werkkomplex der zwischen 1956 und 1958 entstandenen Strukturreliefs im Besonderen vorbereitet. Denn mit den strukturellen, Orientierung stiftenden Markierungen des Bildfeldes – nichts anderes leisten die seriellen Reihungen – ist ein Betrachter entworfen, dem die Funktion zugeordnet ist, ebenjene Strukturen zu realisieren.

Der von Wolfgang Kemp im Rekurs auf Wolfgang Iser[26] als ‚implizit' bezeichnete Betrachter verkörpere die, so Kemp,

„Gesamtheit der Vororientierungen, die ein Werk seinen möglichen Betrachtern als Rezeptionsbedingungen anbietet. Folglich ist der implizite Betrachter nicht in einem empirischen Substrat verankert, sondern in der Struktur des Werkes selbst fundiert."[27]

Im Konzept des impliziten Betrachters sind die Wirkungsstrukturen des Bildes als Potenziale behandelt, vermittels derer der Empfänger zum Bild situiert und mit diesem durch die von ihm ausgelösten Erfassungsakte verbunden wird.[28] Sinnlich in die sich ihm präsentierende Bildstruktur involviert, tastet der Betrachter die Bildoberfläche mit seinem Blick ab und realisiert das haptische Potenzial der Strukturreliefs, sodass es im Prozess der Rezeption möglich wird, die Erfahrung des Haptischen zu machen, ohne die Bilder zu berühren. Dieser Erfahrung als freigelegtem

[26] Anhand des Untersuchungsgegenstands fiktionaler literarischer Texte wies Wolfgang Iser auf jene einem jeden Text immanente Struktur hin, die den ‚impliziten Leser' als das Gattungswesen ‚Leser', nicht als eine Typologie möglicher Leser verkörpere und mithin den Aktcharakter des Lesens vorzeichne. Wolfgang Iser: *Der Akt des Lesens. Theorie ästhetischer Wirkung*, München 1976, S. 60; Wolfgang Iser: *Der implizite Leser. Kommunikationsformen des Romans von Bunyan bis Beckett*, München 1972, S. 8f.

[27] Kemp 1983 (wie Anm. 11), S. 32.

[28] Ebd.; siehe auch Kemp 1992 (1985) (wie Anm. 2), S. 22f.

Sinn der Strukturreliefs ist im Folgenden Geltung zu verschaffen, während andere Aspekte unweigerlich in den Hintergrund rücken.

In meinen Überlegungen zur Struktur, Temporalität und Haptik des malerischen Handelns Ueckers sehe ich davon ab, näher auf Fragen von Gender, Herkunft, Klasse, Alter etc. einzugehen. Immer dann, wenn hier im generischen Maskulinum vom ‚Betrachter' gesprochen wird, geschieht dies im Rekurs auf den von Kemp in die Rezeptionsästhetik der kunst- und bildwissenschaftlichen Forschung eingeführten Begriff des ‚impliziten Betrachters', obgleich die Verwendung der geschlechtsübergreifenden maskulinen Form die Fluidität individueller Betrachter*innenidentitäten fraglos zu verdecken droht. Ungeachtet des Umstands, dass ‚der Betrachter' als methodischer Terminus im wissenschaftlichen Diskurs der Rezeptionsästhetik ebenso gesetzt wie derzeit noch nicht sprachsensibel aktualisiert worden ist, gilt die grundlegende Bedeutung sprachlicher Inklusion auch für diese rezeptionsästhetische Instanz, deren wissenschaftlich fundierte Aktualisierung an dieser Stelle jedoch nicht leistbar ist. Angesichts des leitenden Forschungsinteresses an der Erfahrung der Haptik der Strukturreliefs scheint es mir vertretbar, die Instanz des ‚Betrachters' weitestgehend ohne jede Spezifizierung – die Einlassung in die ästhetische Situation und eine gewisse Vertrautheit mit den Zweifeln am Status des Bildes, die im Verlauf der Zweiten Moderne immer radikaler geäußert wurden, sind notwendige Voraussetzungen der Rezeption – zu belassen. Soll der potenziell schier unüberschaubare Horizont der Bestimmt- und Situiertheiten der Betrachter*innen nicht verengt werden, komme ich nicht umhin, diesen Aspekt aus den folgenden Überlegungen auszuklammern, um mich auf den Untersuchungsgegenstand des ‚ästhetischen Objekts' zu konzentrieren.

Die Rezeptionsästhetik setzt die Grundunterscheidung zwischen dem Kunstwerk und dem ‚ästhetischen Objekt' oft stillschweigend voraus. Doch dauere das Kunstwerk, wie Johannes Grave herausstellt, unabhängig von individuellen Wahrnehmungsakten als Ding fort, wohingegen das ästhetische Objekt allein im Vollzug der Rezeption und unter der produktiven Beteiligung des rezipierenden Subjekts konstituiert würde.

Eng mit dem gegebenen Kunstwerk verknüpft, ist das ästhetische Objekt nicht mit ihm identisch.[29] Es ist ausschließlich ästhetisch zu erfahren[30] und erschließt in der Erfahrung[31] – ein Vorgang, der sich selbst in der Zeit vollzieht – eine eigene Welt, die sich durch einen unerschöpflichen Reichtum an Potenzialitäten auszeichnet. Demgegenüber ist der Rezipient lediglich in der Lage, einige von ihnen zu realisieren, während viele andere – wenigstens vorläufig – unberücksichtigt bleiben müssen.[32] Der Fokus liegt insbesondere auf dem vom Betrachter zu leistenden Realisieren der Potenzialität der Wirkungsstrukturen. Im Akt des Realisierens der Potenzialität kann er sich Ueckers Vollzug der malerischen Handlungen in eins mit deren Haptik vergegenwärtigen. Und möglicherweise kann er sie gar am eigenen Körper verspüren.[33]

Hier nun wird die Frage nach der *agency*, die Frage nach der Wirkmacht des Bildes berührt; eine Frage, die im Verlauf der weiteren hier angestellten Überlegungen umso dringlicher werden wird, als die, so Dieter Honisch, „extreme und das Auge überspielende Sinnlichkeit des Malens“ für das Verständnis des Œuvres von eminenter Bedeutung ist.[34] Nicht das Bild in seiner materiell-haptischen Anwesenheit, sondern das in der Bildrezeption konstituierte ästhetische Objekt habe als, so

[29] Johannes Grave: „Werk und Wirkung – Bild und *agency*. Zur Aktualität der phänomenologischen Unterscheidung zwischen Kunstwerk und ästhetischem Objekt“, in: *Zeitschrift für allgemeine Kunstwissenschaft*, Jg. 65, Nr. 1, 2020, S. 87–102, hier S. 96.

[30] Ebd., S. 97.

[31] Das Realisieren eines literarischen fiktionalen Textes sei, so Wolfgang Iser, nicht nur wesentlich von der Erfahrung getragen, im Prozess des Realisierens des ästhetischen Gegenstands ‚Text‘ geschehe auch immer etwas mit der Erfahrung. Wolfgang Iser: *Die Appellstruktur der Texte. Unbestimmtheit als Wirkungsbedingung literarischer Prosa* (= Konstanzer Universitätsreden, Bd. 28), Konstanz 1970, S. 12.

[32] Grave 2020 (wie Anm. 29), S. 97.

[33] Vgl. John M. Krois: „Bildkörper und Körperschema“ (2011), in: Horst Bredekamp/Marion Lauschke (Hg.): *John M. Krois. Bildkörper und Körperschema. Schriften zur Verkörperungstheorie ikonischer Formen* (= Actus et Imago. Berliner Schriften für Bildaktforschung und Verkörperungsphilosophie, Bd. 2), Berlin 2011, S. 252–271, hier S. 266; vgl. John M. Krois: „Tastbilder. Zur Verkörperungstheorie ikonischer Formen“ (2010), in: Horst Bredekamp/Marion Lauschke (Hg.): *John M. Krois. Bildkörper und Körperschema. Schriften zur Verkörperungstheorie ikonischer Formen* (= Actus et Imago. Berliner Schriften für Bildaktforschung und Verkörperungsphilosophie, Bd. 2), Berlin 2011, S. 210–231, hier S. 218f.

[34] Honisch 1983 (wie Anm. 1), S. 18.

Grave, jene Instanz zu gelten, der solch genuin temporale Qualitäten wie ‚Macht' und Veränderbarkeit zukommen könnten. Was also verkürzend als *agency* des Bildes bezeichnet wird, entstehe erst in der Interaktion zwischen dem Bild und seinem Betrachter.[35] Die interaktive Situation der Begegnung mit den Strukturreliefs ist eine affektive.[36] Dem Berühren entzogen und allein dem Sehen gegeben, affizieren die Strukturreliefs den Blick.

Erst kürzlich wurde im Frankfurter Städel Museum und der Hamburger Kunsthalle eine Ausstellung zur Bedeutung des Reliefs vornehmlich in der Kunst des 19. und 20. Jahrhunderts gezeigt, die in der Auswahl der Stücke die Frage evozierte, ob das Sehen selbst taktil ist, ob also der visuellen Wahrnehmung eine Form der Berührung entspricht. Inwiefern sind die menschliche, an der Wirklichkeit geschulte Sinneserfahrung und das Wahrnehmen von Kunst – vor allem auch vor dem Hintergrund einer zeitgenössischen, oft medialen Kunst – miteinander verbunden? In welcher Weise „begreift" man im reinen Sehen analog zu einem physischen Berühren?[37] Die bildende Kunst bringt Bilder hervor – Malerei und Relief sind nur zwei ihrer vielzähligen Gattungen –, die in ihren mit künstlerischen Mitteln auf je ganz bestimmte Art und Weise optimierten bildlichen Strukturen die Potenziale versammeln, die Distanz der Unberührbarkeit im Akt der Rezeption scheinbar zu tilgen. Weil das Sichtbare, wie Maurice Merleau-Ponty ausführt, „nicht mehr und nicht weniger zum Berühren als die ‚taktilen Qualitäten'" gehört,[38] mag die Nähe des Berührens im Akt des Malens dem distanzierten Sehen der Strukturreliefs gewichen sein, doch vergegenwärtigt das distinkte Erscheinen der Strukturen das Zurückweichen in die Distanz der Sicht-

[35] Grave 2020 (wie Anm. 29), S. 100.

[36] Vgl. ebd.

[37] Alexander Eiling/Eva Mongi-Vollmer/Karin Schick: „Das Relief. Eine Einführung in das Thema und die Ausstellung", in: dies. (Hg.): *Herausragend! Das Relief von Rodin bis Picasso*, Ausst.-Kat. Städel Museum, Frankfurt a. M./Hamburger Kunsthalle, München 2023, S. 16–31, hier S. 17f.

[38] Maurice Merleau-Ponty: *Das Sichtbare und das Unsichtbare, gefolgt von Arbeitsnotizen*, hg. und mit einem Vor- und Nachwort versehen von Claude Lefort, übers. von Regula Giuliani und Bernhard Waldenfels (= Übergänge. Texte und Studien zu Handlung, Sprache und Lebenswelt, Bd. 13), 2. Aufl., München 1994 (1964), S. 176f.

und sie begleitenden Unberührbarkeit eines Bildes, das noch von der Nähe des Berührens zeugt. Weil er sich im Akt des Realisierens auf sie bezieht, entspinnt sich zwischen dem Betrachter und den Reliefs eine affektive Involviertheit als eine, wenn nicht die wesentliche, intentional in den Strukturreliefs Ueckers vorliegende Bedeutung.[39]

I Agieren in Farbe

Das Œuvre Ueckers zeige ein, so Honisch, sich eigentümlich konzentrisch ausweitendes Kreisen um das bereits 1956 etablierte Konzept, den Bildern eine Art von Körpersprache einzuprägen.[40] Die Abdrücke der malenden Hände oder des Körpers sind ebenso Zeichen des Handelns, wie es die eingeschlagenen Nägel sind, die vom körperlich kräftezehrenden Einsatz, der Ausdauer und präzisen Planung eines Produktionsprozesses zeugen, der die formal adäquaten Strukturen serieller Reihungen zeitigt. An ihnen tritt der Aspekt der ästhetischen Formqualität des Nagels in den Vordergrund.[41] Der Nagel, „mit dem er [Uecker] heute zuallererst in Verbindung gebracht wird",[42] fungierte erstmals 1957 in der informellen Struktur *Ohne Titel*[43] als Mittel der Erweiterung der

[39] Vgl. Iser 1970 (wie Anm. 31), S. 33.

[40] Dieter Honisch: „Günther Uecker – eine Retrospektive", in: *Günther Uecker – eine Retrospektive*, Ausst.-Kat. Kunsthalle der Hypo-Kulturstiftung, München 1993, S. 9–56, hier S. 16.

[41] Gerade weil der Nagel als Bildelement in allen Phasen des sich entfaltenden Œuvres präsent ist, nimmt Christine Korte-Beuckers eine Differenzierung zwischen der Art und Funktion der jeweils spezifischen Anwendung des Nagels vor: Sie unterscheidet zwischen (1) der primär malerischen Verwendung des Nagels zur Erzeugung einer Struktur, (2) der auf seinen ästhetischen Eigenwert als Alltagsgegenstand gegründeten Verwendung als Zeichen, (3) der zum ästhetischen Eigenwert tendenziell konträr stehenden Symbolverwendung zur Vermittlung universeller Thematiken wie Destruktion und Schmerz und (4) den Handlungen symbolischer Aneignung und persönlicher Identifikation, die den Nagel zum Signet Ueckers werden ließen. Christine Korte-Beuckers: „Vom Arbeitsmaterial zum Zeichen und Symbol. Aspekte der Verwendung des Nagels im Werk von Günther Uecker", in: Klaus Gereon Beuckers (Hg.): *Zero-Studien. Aufsätze zur Düsseldorfer Gruppe Zero und ihrem Umkreis* (= Karlsruher Schriften zur Kunstgeschichte, Bd. 2), Münster 1997, S. 113–133.

[42] Honisch 1993 (wie Anm. 40), S. 16.

[43] Günther Uecker, *Ohne Titel*, 1957, Nägel, Öl (Fingermalerei) auf Holz, grau, 64 × 75 cm; WV Honisch 1983, Nr. 18.

malerischen Ausdrucksmittel, als ein das Bild verräumlichendes und konkretisierendes Strukturelement.[44] Nach den noch im engeren Sinne malerischen Versuchen der beiden *Fingermalereien*, die vom unmittelbar haptischen Zugriff des „Zukleistern[s] und Zerwühlen[s] der Bildfläche"[45] geprägt sind, entstand im selben Jahr das *Dreckbild* (1956, Abb. 4). Die malenden Finger wurden durch einen Nagel modifiziert und verlängert. Mit ihm zog Uecker schlanke Rillen in die noch feuchte Farbmaterie. Die Primärfarben, die er bereits in der ersten *Fingermalerei* einsetzte, sind hier zu einem monochrom bräunlichen Erdton vermengt.

Zwischen 1956 und 1958 verfolgte Uecker ein haptisches Agieren in Farbe. Die entstandenen *Strukturbilder* oszillieren zwischen dem Optischen und dem Haptischen, zwischen den Medien der Malerei und der Skulptur. Sie sind Hybride, die den Seh- wie auch den Tastsinn affizieren und das reine Sehen mit dem Berühren vermitteln. Demgemäß sind die *Strukturbilder* Ueckers dem Medium des Reliefs zuzuordnen:[46] Sie sind ‚Strukturreliefs'.

Die Struktur ist ‚ästhetisches Argument'. Denn nur wenn, so Max Bill, der individuelle Ausdruck und die persönliche Erfindung dem Ordnungsprinzip einer Struktur unterstellt sind, verweise das Ordnungsprinzip selbst auf diese ihm zugrundeliegenden, neuen Gesetzmäßigkeiten, die wiederum Gestaltungsmöglichkeiten eröffnen, die mit allgemein geteilten ästhetischen Argumenten zu beschreiben sind.[47] Und so zeigt das *Dreckbild* eine relativ kleinteilige, mehr oder minder regelmäßige und auf das Format des Bildgrundes bezogene Gitterstruktur. Der optische Reliefeindruck ist vor allem in denjenigen Bildbereichen prägend, wo die

[44] Honisch 1993 (wie Anm. 40), S. 20.

[45] Dieter Honisch: „Zwanzig Kapitel", in: Alexander Tolnay (Hg.): *Günther Uecker: Zwanzig Kapitel*, Ausst.-Kat. Neuer Berliner Kunstverein im Martin-Gropius-Bau/Neue Nationalgalerie, Ostfildern-Ruit 2005, S. 32–176, hier S. 34.

[46] Vgl. Edouard P. Derom/Eric R. Kandel: „Günther Uecker und die Suche nach einer neuen Brücke zwischen Malerei und Skulptur", übers. von Nikolaus G. Schneider, in: *Uecker*, Ausst.-Kat. Kunstsammlung Nordrhein-Westfalen, K20, Berlin 2015, o. S.

[47] Max Bill: „struktur als kunst? kunst als struktur?", in: Gyorgy Kepes (Hg.): *Struktur in Kunst und Wissenschaft* (= Reihe sehen + werten), Brüssel 1967 (1965), S. 150–151, hier S. 150.

Farbe besonders pastos aufgetragen worden ist und sich die Rillen von der Oberfläche tiefer zum Grund zurückziehen.

1960 von Bill zur Ausstellung *konkrete kunst. 50 jahre entwicklung* im Helmhaus Zürich eingeladen,[48] hatte Uecker in seinen Bildern die Struktur bereits als ästhetisches Argument, als logische Gestaltung bildinterner Beziehungen, die es dem Betrachter ermöglichen, die Erfahrung von Rhythmik zu machen, etabliert. In den haptischen Gesten des Inskribierens entstanden die Strukturreliefs als Konfigurationen der wahrnehmbaren Konkretionen abstrakter Ideen und Gesetzmäßigkeiten. Das Bildfeld ist zugleich Realfläche und Idealebene, konkrete Inskription und abstrakter Sachverhalt.[49] Hans Strelow bezeichnete Uecker denn auch als einen Erfinder von Kommunikationsmitteln: Die von ihm erfundenen ästhetischen Objekte erhielten ihren Sinn nicht mehr allein durch rezeptives Betrachten. Vielmehr solle die Kunst „sich selbst im und mit dem agierenden wie meditierenden Betrachter als lebendiger Akt verwirklichen."[50] Die Strukturreliefs entfalten einen strukturell und räumlich gestalteten Kontrast zwischen den Zonen erhabener Farbpaste und den sich tendenziell bis zum Grund des Bildes zurückziehenden Zwischenräumen. Das Wahrnehmen dieses Kontrastes erfordert vom Gegenüber, sich zu bewegen, sich den Bildern zu nähern und wieder zurückzutreten, kurz: sich leiblich einzubringen, um die Strukturreliefs mit den Augen abzutasten.[51]

[48] *konkrete kunst. 50 jahre entwicklung*, Ausst.-Kat. Helmhaus, Zürich 1960. In der Ausstellung ist Uecker mit dem *Objekt Weiß* (1959), Kat.-Nr. 148 (in WV Honisch 1983, Nr. 77: *Symmetrische Struktur*, 1958, Nägel auf Leinwand auf Holz, 85 × 85 cm), vertreten.

[49] Sybille Krämer: „Diagrammatische Inskriptionen: Über ein Handwerk des Geistes", in: Horst Bredekamp/John M. Krois (Hg.): *Sehen und Handeln* (= Actus et Imago. Berliner Schriften für Bildaktforschung und Verkörperungsphilosophie, Bd. 1), Berlin 2011, S. 225–237, hier S. 227; siehe dazu auch Max Bill: „die mathematische denkweise in der kunst unserer zeit" (1949), in: Eduard Hüttinger (Hg.): *Max Bill*, Zürich 1977, S. 105–116, hier S. 112; Max Bill: „konkrete kunst" (1936), in: Eduard Hüttinger (Hg.): *Max Bill*, Zürich 1977, S. 61–67, hier S. 61.

[50] Hans Strelow: „Günther Uecker", in: Hermann Reusch u. a. (Hg.): *Junge Künstler 65/66. 5 Monographien deutscher Künstler der Gegenwart*, Köln 1965, S. 53–62, hier S. 55f.

[51] Vgl. Volkmar Mühleis: „Zwischenleiblichkeit in der plastischen Erfahrung und Arbeit", in: Kristin Marek/Carolin Meister (Hg.): *Berührung. Taktiles in Kunst und Theorie*, Paderborn 2022, S. 151–162, hier S. 153f.

In den beiden frühen *Fingermalereien* (1956) kristallisierte der sukzessive Handlungsvollzug der malerischen Handlung in die simultan ansichtige Konfiguration der Atomisation des Bildfeldes aus. Im malerischen Handeln als einem ‚modulierenden Agieren in der Farbe', einem ‚Färben',[52] entstanden ein eigenes Handlungsfeld und eine eigene Wahrnehmungszone. Von wesentlicher Bedeutung für die Erscheinung der bildlichen Konfiguration ist die unverwechselbare Materialität der Farbe: ihre bestimmte Viskosität und ihre Pigmentierung. Die beiden annähernd quadratischen, keine definitiven Feldproportionen aufweisenden Malgründe sind mit pastosen Schichten von Ölfarbe regelrecht zugeschmiert und die Farbmaterie ist mit den Fingern durchwühlt worden. Geronnen und abgelagert breitet sich die Farbmaterie gleichmäßig über das gesamte Bildfeld aus. In seiner ersten *Fingermalerei* (Abb. 5) verwandte Uecker ausschließlich die drei Primärfarben Rot, Gelb und Blau, wobei das Blau nur an wenigen Stellen im oberen Bildfeld rein auftritt, während es in großen Teilen des Bildfeldes zur Eintrübung der Farbwerte der dominanten Farben Rot und Gelb dient und hier als farbiges Grau erscheint. Wie er sich für kein definitives Format entschied, so zeigt Uecker auch in der unistischen, dieser die Oberfläche des Bildes durchgehend und gleichmäßig strukturierenden[53] Konfiguration erhabener Farbflecken eine nur vage Tendenz zur Konzentration des Rots im Bildzentrum. Das Vorkommen gelber wie auch eingetrübter Farbflecken ist tendenziell zu den peripheren Bildbereichen hin verlagert.

Die nur scheinbare Vagheit ist bewusst gesetzt. Denn sie nimmt sich gegenüber dem Experimentieren mit der Duplizität der Farbe zurück. In der Weise ihres Erscheinens ist die Färbung der Farbe sowohl vom Licht und seiner Strahlung als auch von der Farbmaterie und ihren Mischungsverhältnissen und nicht zuletzt vom Auge und seinen optischen und leiblichen Bedingungen abhängig. Die Pigmentierung

[52] Ludger Schwarte: „Epistemologien des Färbens", in: *figurationen. gender – literatur – kultur*, Jg. 17, Nr. 1, 2016, S. 39–52, hier S. 44.

[53] Dieter Honisch: „Zum Strukturbegriff von Günther Uecker" (1974), in: ders.: *Texte. Mit einem Gruß von Günther Uecker*, Stuttgart 1992, S. 501–510, hier S. 505.

der Farbe und ihre spezifischen Mischungsverhältnisse, wie sie in der – wenn hier auch unistischen – koloristischen Gestaltung[54] vorliegen, sind mit der *dynamis* der Farbe, ihrem Möglichwerden bezeichnet, während das Licht mit der *energeia* bezeichnet ist, jener Energie der Farbe, die ihr Wirklichwerden zeitigt. Die Färbung hat an beidem Anteil. In vielen Sprachen ist dieser Dopplung Rechnung getragen: Im Griechischen wird zwischen ‚mpogia' und ‚chroma', im Lateinischen zwischen ‚pigmentum' und ‚color', im Französischen zwischen ‚peinture' und ‚couleur' und im Englischen zwischen ‚paint' und ‚color' unterschieden. Im Deutschen hingegen bezeichnet das Wort ‚Farbe' sowohl die Materialität als auch das immaterielle Erscheinen der Farbe gleichermaßen.[55]

In theoretisierender Annäherung an die monochrom schwarze *Fingermalerei* (Abb. 6) erweist sich die vorläufige Differenzierung und die darauffolgend erneute Zusammenführung beider Aspekte als erhellend. Ohne jede hierarchische Binnendifferenzierung[56] strukturiert die im Streiflicht deutlich hervortretende Haptik das Bildfeld. Die Viskosität der Farbe beeinflusste maßgeblich, wie sie sich von Uecker physisch bearbeitet in Formationen fand und der chemischen Reaktionen ihrer Inhaltsstoffe wegen schließlich zur bewegten, hochglänzenden und das

[54] Erich von der Bercken führte den Begriff des ‚Bildwerts' ein, der die zusammenhängende farbige Gestaltung der Bildfläche durch Zu- und Gegeneinandersetzen bestimmter Farben bezeichnet. Erich von der Bercken: „Über einige Grundprobleme der Geschichte des Kolorismus in der Malerei", in: *Münchner Jahrbuch der Bildenden Kunst*, Nr. 5, 1928, S. 311–326, hier S. 321. Im Anschluss daran nahm Ernst Strauss die kategoriale Unterscheidung zwischen der Daseinsweise der reinen Farbmaterie der Palette und jener Daseinsweise vor, die eine Farbe entfaltet, sobald sie in einem die Bildfläche gestaltenden Kolorit aufgeht und ästhetisch wirksam wird. Ernst Strauss: „Zur Wesensbestimmung der Bildfarbe", in: ders.: *Koloritgeschichtliche Untersuchungen zur Malerei seit Giotto* (= Kunstwissenschaftliche Studien, Bd. 47), Berlin/München 1972, S. 9–24, hier S. 10f.

[55] Dieter Mersch: „Malen als Alchimie. Der transitorische Prozess ästhetischer Arbeit", in: Meret Kupczyk/Ludger Schwarte/Charlotte Warsen (Hg.): *Kulturtechnik Malen. Die Welt aus Farbe erschaffen*, Paderborn 2019, S. 103–116, hier S. 112f.

[56] In Abgrenzung zu den *Black Paintings* Frank Stellas, in denen die bildinterne Struktur mit den Strukturgesetzen zusammenfällt, weist Dieter Honisch dezidiert darauf hin, dass die innerbildlichen Strukturen Ueckers auf das Bildfeld bezogen sind. Das Bild oder die im Bild vorgeführte Struktur habe noch immer Verweischarakter. Sie bedeute mehr, als sie eigentlich aus sich heraus leisten könne. Honisch 1992 (1974) (wie Anm. 53), S. 505–507.

Sehen mit der Präsenz des Malaktes berührenden Oberflächenstruktur aushärtete.[57] Als Gegenpol zu den deutschen Tachisten, die, so John Anthony Thwaites, „einen Regenbogen von Farbe in die Konsistenz von Hundekotze übersetz[t]en", habe die Generation nach Nicolas de Staël (1914–1955) und Pierre Soulages (1919–2022) Farbe aus gewichtslosen Formen voller Rhythmus und Licht entfaltet.[58] Wenn es auf die haptischen Oberflächentexturen der *Fingermalerei* trifft, wird das Licht vom chromatisch unbunten Schwarz nicht verschluckt. Es verfängt sich in den Furchen und Wülsten und den sich in immer neue Richtungen windenden Tälern, die die Finger Ueckers in die Farbmaterie gruben. Zwischen ihnen wird das Licht rhythmisch hin und her geworfen und in dieser Bewegtheit wirkt es auf die Netzhaut derer ein, die die *Fingermalerei* mit ihren Blicken abtasten.

Auch im *Roten Bild* (1958, Abb. 7), das Uecker auf Einladung von Heinz Mack und Otto Piene zur *7. Abendausstellung ‚Das rote Bild'* zeigte,[59] löst sich die chromatisch modulierte optische Fläche vom Bildgrund.[60] Entlang der hier nun definitiven Feldproportionen eines Hochformats ist die Malschicht durch lineare und zur Bildvertikalen wie -horizontalen parallelgestellte, partiell gebündelte und einander kreuzende Ritzungen rhythmisiert. Dem Arbeitsprozess der Frottage vergleichbar, die Uecker zuvor in einer Reihe von *Strukturen*[61] anwandte, ist der

[57] Vgl. Mersch 2019 (wie Anm. 55), S. 114f.

[58] John Anthony Thwaites: „Wohin geht die Farbe?" (1958), in: Dirk Pörschmann/Mattijs Visser (Hg.): *4 3 2 1 ZERO*, Düsseldorf 2012 [Nachdruck *ZERO*, Bd. 1, 1958], S. 7–8, hier S. 7f.

[59] Thekla Zell: *Exposition Zero. Vom Atelier in die Avantgardegalerie. Zur Konstituierung und Etablierung der Zero-Bewegung in Deutschland am Beispiel der Abendausstellungen, der Galerie Schmela, des studio f, der Galerie nota und der d(ato) Galerie*, Wien 2019, S. 105. Als Alfred Schmela seine Galerie in der Hunsrückenstraße am 31. Mai 1957 mit der Ausstellung *Yves Propositions monochromes* eröffnete, entwickelte sich ein reger Austausch zwischen Yves Klein, Heinz Mack und Otto Piene, der sich in den Vorbereitungen zur Herausgabe von *ZERO 1* und der parallel von Mack und Piene am 24. April 1958 veranstalteten *7. Abendausstellung ‚Das rote Bild'* deutlich niederschlug. Am Beispiel der Primärfarbe Rot wurde das Phänomen der scheinbar räumlichen Ausdehnung der Farbe und die derart zu bewältigende Erweiterung des monochromen Bildraumes mit 45 geladenen Künstlerinnen und Künstlern, die je ein Bild entsandten, durchdekliniert. Ebd., S. 159 und S. 164.

[60] Schwarte 2019 (wie Anm. 22), S. 26.

[61] Günther Uecker, *Strukturen*, 1957, 23 Zeichnungen; WV Honisch 1983, Nr. 33–55.

Bildgrund in einem ersten Schritt vermutlich schwarz und einem zweiten weiß übermalt worden, um die Schichten im dritten Arbeitsschritt anzuritzen und das darunterliegende Schwarz freizulegen. Das haptische Handeln kristallisierte in einem Gefüge von auf die Ausdehnung des Bildfeldes bezogenen und zu Konfigurationen gebündelten Markierungen aus, bevor ein abschließender, semitransparenter Überzug mit roter Farbe folgte. Die Farbe lief teils in die geritzten Kanäle, teils blieb sie auf den dazwischenliegenden, von Uecker unberührt gelassenen Feldern stehen. Dort, wo das Rot in die Kanäle lief, erscheint es dem Blick getrübt. Das Farblicht wird von der Dunkelheit verschluckt, die *energeia* der Farbe ist geschmälert. Lagerte sich das Rot allerdings auf den stehengelassenen Feldern der weißen Malschicht ab, befördert das Weiß wiederum seine *dynamis*. Das Licht verwirklicht Zonen umso heller strahlenden Rots.

II Die Haptik der Strukturreliefs

Wie das physische Durcharbeiten der pastos aufgetragenen Farbmaterie mit dem immateriellen, vom Licht ausgetragenen sichtbaren Erscheinen der Farbe zusammengehört, so gehört auch das Hinstrecken der Hände zur Berührung des Malgrundes mit dem Rückzug in die distanzierte Sichtbarkeit zusammen. Es ist ganz wesentlich, dass Uecker im Rückzug aus der haptischen Nähe nicht das optische Phänomen des Bildes berührte. Er berührte das Materielle des Bildes. Er berührte den Bildgrund und die auf ihn aufgetragene Farbmaterie (als Bildding). Vermittels der malerischen Handlung, in der sich die Berührung schließlich zurückzieht, wird das Bild zu einem solchen. Erst infolge des Rückzugs wird das vor Augen gestellte Bild (das Bildding) als abbildendes Bild (als Bildobjekt) aufgefasst, sodass in diesem abbildenden Bild etwas Abgebildetes (als dessen Bildsujet) zu vergegenwärtigen ist.[62]

[62] Zur Trias von ‚Bildding', ‚Bildobjekt' und ‚Bildsujet' siehe Edmund Husserl: *Phantasie und Bildbewußtsein*, hg. aus dem Nachlass und eingel. von Eduard Marbach, Hamburg 2006 (1980), S. 45–47.

Der künstlerische Produktionsprozess, die malerische Handlung des regelrechten Zuschmierens des Bildgrundes und des Durchwühlens der Farbmaterie mit den Fingern ist eine distinkte Gestaltungsweise, die nach einer anderen als der nur visuellen Rezeptionsform verlangt. Mit den Strukturen sind jene Realisierungsbedingungen eingesetzt, die nach einem ‚haptischen Sehen'[63] verlangen, einem Sehen, das Gilles Deleuze in den vier voneinander geschiedenen Aspekten der ‚Werte der Hand' begründet findet: dem ‚Digitalen', dem ‚Taktilen', dem eigentlich ‚Manuellen' und dem ‚Haptischen'.[64] Das Digitale zeichne sich dadurch aus, dass das Sehen im Inneren geschieht, wo es bereits einen ‚idealen' optischen Raum entwickelt, dessen Formen nach einem optischen – etwa dem zentralperspektivischen – Kode gefasst sind. In der Folge ist die Hand auf ihre im Malen intervenierenden Finger reduziert. Sie haben lediglich noch die entsprechenden Einheiten für jene dem inneren Sehen adäquaten, rein optischen Formen zu finden. Doch wenigstens in seinen Anfängen weise dieser ideale optische Raum noch die taktilen Referenten der Tiefe, der Kontur und der Modulation auf. Weicht die „lockere Unterordnung der Hand unter das Auge" einem „regelrechten Ungehorsam der Hand",[65] bleibe das Bild zwar eine optische Realität, doch drängen sich dem Blick die Phänomene des formlosen Raumes und der ruhelosen Bewegung auf. Ihnen ist nur mit Mühe zu folgen. Diese das Optische auflösenden, diese verkehrten Verhältnisse bezeichnet Deleuze mit dem Manuellen. Das Haptische sei schließlich weder von der engen Unterordnung im einen noch im anderen Sinne gekennzeichnet noch bestehe eine lockere Unterordnung oder virtuelle Verbindung. Im Haptischen entdecke der Blick in sich selbst eine Tastfunktion, die ihm eignet. Sie gehöre nur zu ihm und sei von seiner optischen Funktion unterschieden.[66] Den Strukturreliefs nähert man sich also idealtypisch mit tastendem Blick.

[63] Wilhelm Roskamm: „Das haptische Sehen in der bildenden Kunst. Annäherungen mit Alois Riegl und Gilles Deleuze", in: Kristin Marek/Carolin Meister (Hg.): *Berührung. Taktiles in Kunst und Theorie*, Paderborn 2022, S. 93–131, hier S. 103.

[64] Gilles Deleuze: *Francis Bacon. Logik der Sensation*, übers. von Joseph Vogl, München 1995 (1984), S. 94.

[65] Ebd.

[66] Ebd.

Tastet der Blick das hochrechteckige, annähernd quadratische Bildfeld des Monochroms *Weiß Horizontal* (1958, Abb. 8) ab, so bewegt er sich über die auf die Vertikale des Bildfeldes bezogene und es in relativ gleichmäßigen Abständen entlang der Horizontalen rhythmisierende serielle Struktur. Allem Anschein nach ist die weiße Farbmaterie am unteren Rand des Bildfeldes beginnend in schmalen Bahnen aufgetragen und nach jedem Auftrag mit etwas wie einer Rakel nach unten hin ausgezogen worden. Deshalb zeigen sich in der vertikalen Staffelung die Überlagerungen der vorangegangenen mit den regelmäßig darauf aufgebrachten Farbschichten. Dazwischen bilden sich feine, horizontal verlaufende Kanäle aus. Streift das einfallende Licht das leicht bewegte Relief, erscheint das Weiß an den jeweils erhabenen Kanten am hellsten, während es in den Kanälen leichte Modulationen zeigt und hinter den Kanten der ausgestrichenen Farbmaterie in Verschattungen hinabsinkt.

In der Beschreibung des lichten Erscheinens ist es bereits angedeutet: Das Bildfeld des Strukturreliefs zeigt eine in seiner Ganzheit ‚invariable formale Ganzheitsstruktur'.[67] Dieses Gepräge ist ein nicht substituierbares Sehangebot.[68] Die optisch und nur optisch erfahrene Bewegtheit verweist auf den kontrolliert malerisch-haptischen Arbeitsprozess, der das sichtbare Erscheinen im Licht bedingt. Als ein materielles, an einer Wand aufgehängtes Bildding besitzt das Strukturrelief *Weiß Horizontal* eine materielle Außenseite, die mehr oder minder weit in den gemeinsam mit dem Betrachter geteilten Lichtraum ausgreift. In

[67] Max Imdahl: „Kontingenz – Komposition – Providenz. Zur Anschauung eines Bildes von Giotto" (1980), in: *Max Imdahl. Gesammelte Schriften*, Bd. 3: *Reflexion – Theorie – Methode*, hg. von Gottfried Boehm, Frankfurt a. M. 1996, S. 464–500, hier S. 487.

[68] Max Imdahl plädiert dafür, die in Bildern gegebenen und nicht substituierbaren Sehangebote als Überbietungen der visuellen Realität zu bestimmen. Die Irrealisierung eines Betrachters, der sich in Präsenz des Vorgestellten befindet, sei demgemäß an die konkrete Sichtbarkeit und das Gesehenwerden eines jeweiligen Bildes und seiner planimetrischen Komposition selbstgesetzlicher und selbstevidenter Relationen gebunden. Entsprechend bedinge ein solches Bild ein formales, sehendes, auf jene selbstgesetzlichen und selbstevidenten Relationen gerichtetes Sehen. Max Imdahl: „Überlegungen zur Identität des Bildes" (1979), in: *Max Imdahl. Gesammelte Schriften*, Bd. 3: *Reflexion – Theorie – Methode*, hg. von Gottfried Boehm, Frankfurt a. M. 1996, S. 381–423, hier S. 381; vgl. auch Imdahl 1996 (1980) (wie Anm. 67), S. 486f.

ebendiesem durchlichteten Raum wirft der mitanwesende, sich in der Umgebung des Reliefs bewegende Körper des Betrachters seine Schatten ebenso, wie die Erhebungen und Vertiefungen des Reliefkörpers ihre Schatten an der durchlichteten, leicht plastisch hervorragenden Reliefstruktur werfen. Als Merleau-Ponty darauf hinwies, dass der bewegliche und sich im Schauen durch den Raum bewegende Leib zur sichtbaren Welt zähle, dass er ein Teil von ihr, deshalb im Sichtbaren ausgerichtet sei und umgekehrt das Sehen von der Bewegung abhänge, man also nur sehe, was man betrachtet,[69] gab er den Hinweis, dass die Sichtbarkeit die Haptik involviert. Werden sie erblickt, rühren die Lichtungen und Verschattungen der Strukturreliefs an den Tastsinn.[70] Denn es sei dieses, so Merleau-Ponty, „erstaunliche Ineinandergreifen, an das man nicht genug denkt", das es verbiete, „das Sehen als eine Denkoperation aufzufassen, die vor dem Geist ein Bild oder eine Vorstellung der Welt aufstellen würde [...]."[71] Mit seinen Blicken nähere man sich an, öffne sich auf die Welt hin, ohne sie sich anzueignen, ohne sie begreifen zu wollen oder sie gar begreifen zu können.[72]

In der terminologischen Differenzierung des Digitalen, Taktilen, Manuellen und Haptischen, die Deleuze dazu dient, sich der Malerei Francis Bacons anzunähern, ist die kunsthistorische Forschung an der Wende vom 19. zum 20. Jahrhundert aufgegriffen. Heinrich Wölfflin stand für die entwicklungspsychologisch bedingte Entwöhnung vom haptischen Greifen zugunsten des Begreifens im distanzierenden Sehen ein. Ihm zufolge substituiere die plastisch empfundene Bestimmtheit und Sicherheit gleichmäßig fester, durch klare lineare Begrenzungen gegebener Körper das haptische Abtasten mit den Fingern. Das ‚Tast-

[69] Maurice Merleau-Ponty: „Das Auge und der Geist" (1961), übers. von Hans Werner Arndt, in: *Maurice Merleau-Ponty. Das Auge und der Geist. Philosophische Essays*, hg., neu bearb., kom. und eingel. von Christian Bermes, Hamburg 2003, S. 275–317, hier S. 279.

[70] Vgl. ebd., S. 281; siehe auch Peter Bexte: „Tastaufnahmen. Reliefs im 20. Jahrhundert", in: Kristin Marek/Carolin Meister (Hg.): *Berührung. Taktiles in Kunst und Theorie*, Paderborn 2022, S. 133–149, hier S. 135.

[71] Merleau-Ponty 2003 (1961) (wie Anm. 69), S. 279.

[72] Ebd.

bild‘ wurde zum ‚Sehbild‘ und der ‚lineare‘ wurde vom ‚malerischen‘ Stil abgelöst. Die tastbaren Flächen seien zerstört worden und zurück blieb schließlich jener Bildraum, der von unzusammenhängend nebeneinanderstehenden Farbflecken besetzt sei, die zuvorderst den optischen Schein der Sache gäben.[73] In seiner Charakterisierung der inneren Form des Kunstwerks nach den Merkmalen des Plastisch-Linearen oder des Malerisch-Scheinhaften antwortete Wölfflin auf die von Alois Riegl aufgeworfene Frage nach der Dominanz des Gesichtssinnes. Die plastische Ausdehnung der Dinge im Raum sei, so Riegl, dem Sehen nicht anders zugänglich als im Deuten optischer Anzeichen der Modellierung. Solche Anzeichen sind etwa die partiellen Verschattungen der Flächen in den verschiedenen, konkreten Tiefenebenen von Reliefs. Das Ertasten der unebenen ‚taktischen Fläche‘[74] ist eine fundierende Erfahrung. Das Bewusstsein stützt sich fortan immer dann auf diese Erfahrung, wenn in der ‚optischen Fläche‘ sich zwangsläufig nebeneinander ausbreitende Schattenpartien gesehen werden. Man deutet den Zusammenhang der sich zeigenden Flächen also aus der Distanz des optischen Abtastens als Teil der formalen Ganzheitsstruktur des Reliefs. Formen sind allein im strukturellen Zusammenhang des Reliefs plastisch zu deuten.[75]

Schon Leon Battista Alberti wies 1435/36 in seinem Traktat *Über die Malkunst* auf den Zusammenhang zwischen der Kenntnis haptischer Formbildung in der Bildhauerei und dem Vermögen des malerischen Modellierens von Körpern hin.[76] Im Begriff des *rilievo* gefasst, wurde in

[73] Heinrich Wölfflin: *Kunstgeschichtliche Grundbegriffe. Das Problem der Stilentwicklung in der neueren Kunst*, München 1915, S. 36. Der Distanz zum Gegenstand wegen mangelt es der Sichtbarkeit an Fühlbarkeit. Der Begriff sei, so Hans Blumenberg, aus der ‚actio per distans‘, aus dem Handeln auf räumliche und zeitliche Distanz als evolutionärer Schutzmechanismus gegen die potenzielle Verwundbarkeit in der Nähe zu anderen entstanden. Hans Blumenberg: *Theorie der Unbegrifflichkeit*, hg. aus dem Nachlass und mit einem Nachwort von Anselm Haverkamp, 3. Aufl., Frankfurt a. M. 2018, S. 9 und S. 11–13.

[74] In der auf die *Historische Grammatik* folgenden Studie zur *Spätrömischen Kulturindustrie* verwandte Alois Riegl anstatt des Begriffes des Taktilen den des Haptischen. Alois Riegl: *Spätrömische Kulturindustrie*, 2. Aufl., Wien 1927 (1901).

[75] Alois Riegl: *Historische Grammatik der bildenden Künste* [Zweite Fassung: Kollegheft des Jahres 1899], hg. von Karl M. Swoboda und Otto Pächt, Graz/Köln 1966, S. 287–289.

[76] Leon Battista Alberti: *Über die Malkunst*, hg., eingel., kom. und übers. von Oskar Bätschmann und Sandra Gianfreda, Darmstadt 2002 (1435/36), S. 161.

der Malerei der Renaissance ein künstlerisches Verfahren entwickelt, das nicht auf die bloße Steigerung der Illusion, sondern auf eine haptische Bilderfahrung, auf die Verbindung haptischer Erfahrungswerte mit optischen Bildgebungsverfahren abzielte, um mit malerischen Mitteln einen bildlichen Resonanzkörper zu erzeugen.[77]

Ähnlichkeit und Berührung

Den Strukturreliefs Ueckers sind die Abdrücke des malenden und die Farbe durchwühlenden Körpers eingeprägt. In ihnen zeigt sich der Rückzug der Berührung vom Malgrund und in ihnen verbinden sich das Optische und das Haptische, das Bild und sein Prozess, die Gleichheit und ihre Abänderung zu kaum mehr als einer ‚symptomhaften Ähnlichkeit'.[78] Sie ist verantwortlich für das Empfinden dessen, was Georges Didi-Huberman das „Unbehagen in der Repräsentation" nennt.[79] Obwohl vor allem in den *Fingermalereien* die Bewegungen der die Farbmaterie durchwühlenden Finger deutlich sichtbar sind, wäre es verfehlt, von den *Fingermalereien* derart zu sprechen, als bildeten sie die Finger ab. Dennoch ist das Abbildungsverhältnis, oder allgemeiner gesprochen, die Vergegenwärtigung eines anderen durch ein Bild niemals vollkommen auszublenden.[80]

[77] Markus Rath: „Die Haptik der Bilder. Rilievo als Verkörperungsstrategie der Malerei", in: ders./Jörg Trempler/Iris Wenderholm (Hg.): *Das haptische Bild. Körperhafte Bilderfahrung in der frühen Neuzeit* (= Actus et Imago. Berliner Schriften für Bildaktforschung und Verkörperungsphilosophie, Bd. 7), Berlin 2013, S. 3–29, hier S. 6. Als neuzeitliches Signum einer visuellen Theorie haptisch-optischer Rezeption, dessen organischer Aufbau auf eine aktivierende Kraft agierender Bilder hin ausgelegt ist, habe Alberti das Emblem des Tastauges zur Zierde der Rückseite seiner Porträtmedaille gestaltet. Markus Rath: „Albertis Tastauge. Neue Betrachtung eines Emblems visueller Theorie", in: *kunsttexte*, Nr. 1, 2009, S. 1–7, hier S. 4; https://doi.org/10.48633/ksttx.2009.1 [24.04.2024].

[78] Georges Didi-Huberman: *Ähnlichkeit und Berührung. Archäologie, Anachronismus und Modernität des Abdrucks*, übers. von Christoph Hollender, Köln 1999, S. 190.

[79] Ebd.

[80] Günter Figal: „Bildpräsenz. Zum deiktischen Wesen des Sichtbaren", in: Gottfried Boehm/Sebastian Egenhofer/Christian Spies (Hg.): *Zeigen. Die Rhetorik des Sichtbaren*, München 2010, S. 55–72, hier S. 57.

Wenngleich es nicht unproblematisch sein mag, dass Edmund Husserl ein Bild nur dann als Bild behandelt, wenn ein Bewusstsein für die passenden, veranschaulichenden Momente besteht, die in den bestimmten darstellenden, vergegenwärtigenden, verbildlichenden und veranschaulichenden Zügen des Bildobjekts hervortreten, weil „die bewusste Beziehung auf ein Abgebildetes gegeben ist",[81] kann die Differenz zwischen dem abbildenden Bild (dem Bildobjekt) und dem, was es vergegenwärtigt, vorstellbar macht oder als das Abgebildete (das Bildsujet) abbildet, als Minimaldefinition der Bildlichkeit gelten. In der Abwesenheit dessen, was vergegenwärtigt ist, ist im Bild die sichtbare Präsenz einer die Ähnlichkeit durchwirkenden Unähnlichkeit gegeben. Und so sind in den Bewegungen der kurzen Strecken, den Richtungswechseln und dem Absinken und Sich-Erheben der Reliefstruktur zweifellos weder die Finger Ueckers noch dessen malerischer Handlungsvollzug selbst abgebildet. In den Strukturreliefs ist Ähnlichkeit durch Strukturähnlichkeit gegeben.[82] Das visuelle Material hat nicht-visuelle Kräfte und mithin jene Bewegungen des Sichtbaren aufgenommen,[83] die vom Betrachter im sukzessiven optischen Abtasten des Bildfeldes strukturell als bildliches All-Over der vergegenwärtigten Bewegungen der malenden Finger realisiert werden.[84]

Mit der Aktion *Spuren auslöschen*[85] (Abb. 9–12) – des sich konzentrisch ausweitenden Kreisens des Œuvres um den Kern des körperlichen Einprägens wegen sei dieser zeitliche und mediale Sprung erlaubt – demonstrierte Uecker 1974/1977 (die Aktion ist nicht zweifelsfrei datiert) das Wechselspiel von Berührung und Entfernung. Er demonstrierte das

[81] Husserl 2006 (1980) (wie Anm. 62), S. 32f.

[82] Vgl. Krämer 2011 (wie Anm. 49), S. 235.

[83] Gilles Deleuze/Félix Guattari: *Kapitalismus und Schizophrenie. Tausend Plateaus*, hg. von Günther Rösch, übers. von Gabriele Ricke und Ronald Voullié, Berlin 1992 (1980), S. 467.

[84] Vgl. Figal 2011 (wie Anm. 25), S. 350f.

[85] Nachweis und Nummerierung der Aktionen folgen dem 2004 erschienenen Verzeichnis: Katrin Salwig/Klaus Gereon Beuckers: „Verzeichnis der Aktionen von Günther Uecker 1959–1975", in: ders. (Hg.): *Günther Uecker. Die Aktionen*, Petersberg 2004, S. 219–229 (im Folgenden abgekürzt AV Salwig/Beuckers 2004).

Wechselspiel der Gleichheit und ihrer Abänderung im Einwirken der Kräfte des anbrandenden Meerwassers, indem er es sich permanent aktualisieren ließ. Das aktionale und in höchstem Maße ephemere Geschehen des Spurenauslöschens wurde nicht allein vor der, sondern vor allem für die Kamera aufgeführt.[86] Vollkommen entblößt, der Kamera und mithin seinen potenziellen Betrachtern ab- und dem Meer zugewandt, saß Uecker in der seichten Brandung der libyschen Mittelmeerküste. Die Arme weit ausgebreitet und den Aktionsradius seines Körpers ermessend, zog er mit seinen Fingern Kreise in den Sand. Doch schon kurz darauf überließ er die Zeichnung dem Meer, das sie ausspülte. Von dem Moment an, da Uecker sich aus dem haptischen Körperraum zurückzog, zeugen die Spuren[87] im Sand noch von der unmittelbar auf den Aktionsradius seines Körpers bezogenen Handlung und vom Einwirken des anbrandenden Meerwassers. Doch in den Spuren ist nicht Uecker selbst als derjenige sichtbar, der sich abdrückte. Die Spuren weisen jene Ähnlichkeit sich vollziehender Bewegungen (als das abbildende Bildobjekt) auf, vermittels derer der Handlungsvollzug (als das abgebildete Bildsujet) vom Betrachter zu vergegenwärtigen ist.[88]

In seinem 1923 erschienenen Essay *Eupalinos* entwirft Paul Valéry die Urszene der abendländischen Ästhetik, die als Dialog zwischen

[86] Lars Blunck: „Fotografische Wirklichkeiten", in: ders. (Hg.): *Die fotografische Wirklichkeit. Inszenierung – Fiktion – Narration*, Bielefeld 2010, S. 9–36, hier S. 19. Der wahrnehmbare Unterschied zwischen der Liveness der Aufführung eines performativen Vollzugs und dessen Mediatisierung ist ein Faktum, das seine je spezifische Bedeutung dadurch erhält, dass vermittels der medialen Transformation eine Wirkung erzielt wird, die allein im Medium der Aufzeichnung erzielt werden kann. Erika Fischer-Lichte: „Wahrnehmung und Medialität", in: dies. u. a. (Hg.): *Wahrnehmung und Medialität*, Tübingen/Basel 2001, S. 11–28, hier S. 20 und S. 23f.

[87] Die Unmotiviertheit der Spuren, der Umstand, dass sie absichtslos hinterlassen worden sind, trifft auf die Motiviertheit derjenigen, die sie als Spuren eines vorübergegangenen Ereignisses deuten. Sybille Krämer: „Was also ist eine Spur? Und worin besteht ihre epistemische Rolle? Eine Bestandsaufnahme", in: dies./Werner Kogge/Gernot Grube (Hg.): *Spur. Spurenlesen als Orientierungstechnik und Wissenskunst*, 2. Aufl., Frankfurt a. M. 2016, S. 11–33, hier S. 16.

[88] Vgl. Rahel Villinger: „Form und Mimesis. Elemente frühromantischer Kunsttheorie bei Husserl, Benjamin und Adorno", in: *Zeitschrift für Ästhetik und Allgemeine Kunstwissenschaft*, Jg. 60, Nr. 2, 2015, S. 277–298, hier S. 289.

Sokrates und Phaidros entfaltet wird.[89] Valéry verlagert die literarische Handlung des Essays an den Rand der Unterwelt, wo die beiden Männer nach ihrem Ableben aufeinandertreffen. Sie stehen am Ufer des Ilissos, des Stroms der Zeit, der die Seelen auf ebenjenes Ufer hinüberwirft, während alle übrigen Dinge von der Strömung hinfort gerissen werden und in der verrinnenden Zeit ihre Substanz verlieren. Diese Konstellation fundiert den Dialog, in dessen Verlauf Sokrates sich einer Begebenheit aus seiner Jugend erinnert: Er stand am Strand des Meeres und fand dort ein Treibgut, eines jener Dinge, die das Meer an den Strand wirft. Er berichtet, wie er dieses Ding von reinstem Weiß emporhob, den an ihm haftenden Sand hinfort blies und das Ding an seinem Mantel rieb. Seine eigentümliche Form kam zum Vorschein und sogleich bestimmte ihre Einzigartigkeit all seine Gedanken.

Mit dem literarischen Kunstgriff Valérys, Sokrates auf die Begegnung mit diesem unwahrscheinlichen Ding zurückblicken zu lassen, wird das Augenmerk auf genau jenen Moment gelenkt, in dem das Ding aus dem Prozess seines Verformtwerdens herausgerissen wurde. Denn als der Philosoph es vom Boden aufhob, trennte er das Ding sogleich von den Kräften des Meeres, die es eben noch verformt hatten. Er unterbrach den Prozess, in dem sich die Berührung und die Entfernung sukzessive zur symptomhaften Ähnlichkeit eines *objet ambigu* verbanden. Als er es nun in den Händen hielt, vermochte Sokrates vom *objet ambigu* weder zu sagen, wer es einmal gemacht hatte, noch gelang es ihm, eine Ähnlichkeit zwischen diesem und irgendetwas ihm Bekanntem zu entdecken. Und doch war diese „Frucht einer unendlichen Zeit“[90] nicht gestaltlos. Ihre Zusammensetzung von ungleicher Härte widerstand der ewigen Arbeit des Meeres. Der gerollte und geschobene Stoff zeigte eine zwar schwer bestimmbare Erscheinung, aber dennoch war es eine Erscheinung von gewisser Bedeutung.[91]

[89] Paul Valéry: *Eupalinos oder Der Architekt. Eingeleitet durch Die Seele und der Tanz*, übers. von Rainer Maria Rilke, durchges. und kom. von Karin Wais, Berlin 2017 (1923).
[90] Ebd., S. 86.
[91] Ebd., S. 85f.

Wie es die historische Gestalt getan hätte, so verhält sich auch Valérys Sokrates seiner geistigen Biografie ‚entsprechend' und insistiert darauf, von Phaidros zu erfahren, was wahrhaft schön und darin dem Menschen angemessen sei, indem es ihn zum Erstaunen bringe, ohne ihn zu verwirren. Sokrates fragt nach den Merkmalen einer Gegenständlichkeit, die zu solcher Angemessenheit und Wirkung fähig wäre.[92] Christian Grüny nennt das *objet ambigu* denn auch „das Übergangsobjekt par excellence", da sich in ihm die Gleichzeitigkeit von klarer Bestimmtheit und unentscheidbarer Ambiguität zeige, was es zum eigentlichen Gegenstand der Ästhetik mache.[93] Es erweise sich als produktiv, Kunstwerke als ‚Übergangsobjekte' zu begreifen, sei doch auf diese Weise sowohl die Objekthaftigkeit der künstlerischen Gestaltungen – nicht notwendigerweise ‚Werke' – als auch ihre Realisierungsbedürftigkeit mitzudenken.[94]

Gesetz und Produkt der (malerischen) Handlungen

Als zentral stellt Hans Blumenberg in seinerVálery-Lektüre das in der Narration des Essays strukturell angelegte, komplementäre Verhältnis der zeitlichen Dimensionen der Wirksamkeit der Natur und der künstlerischen Arbeit heraus:

„Das *objet ambigu* ist das Produkt der Vielheit der in dieser Zone [der Zone zwischen Land und Meer] wirksamen Kräfte der Natur in der Zeit, und was die unendliche Zeit hervorbringt, sieht so aus, als sei es der von der Idee geleiteten Absicht eines Künstlers entsprungen oder habe irgendwo seinen Platz in der Reihe der Versuche der Natur, Organe auf

[92] Hans Blumenberg: „Sokrates und das ‚objet ambigu'. Paul Valérys Auseinandersetzung mit der Tradition der Ontologie des ästhetischen Gegenstandes" (1964), in: *Hans Blumenberg. Ästhetische und metaphorologische Schriften*, Auswahl und Nachwort von Anselm Haverkamp, 5. Aufl., Berlin 2017, S. 74–111, hier S. 81f.

[93] Christian Grüny: „Übergangsobjekte. Kunsttheoretische Überlegungen", in: *Zeitschrift für allgemeine Kunstwissenschaft*, Jg. 58, Nr. 1, 2013, S. 57–80, hier S. 59.

[94] Ebd.

ihre funktionelle Zweckmäßigkeit hin durchzuprobieren, auszuwählen oder zu verwerfen."[95]

Trotz der unendlichen Komplikationen natürlicher Faktoren und der unendlichen Zeit ihrer Einwirkung ist die – wie Valérys Sokrates bemerkt – endliche Form in jenem Augenblick, da er das *objet ambigu* aufhebt, die vollendete Form. Die *temps infini* stehe also, so Blumenberg, komplementär zur Arbeit des Künstlers; das Prädikat des Unendlichen wandere von der Zeit auf die Arbeit hinüber. Der Künstler müsse, um an den Punkt der vollendeten Form zu gelangen, in der Kürze der ihm gegebenen Lebenszeit seine unendliche Arbeit darauf verwenden, die Zufälligkeit der Natur durch den Gedanken zu ersetzen. Er formuliert die Formeln, die den Befehl enthalten, wie jene Bewegungen des Schaffens zu vollziehen sind, aus denen schließlich eine konkrete Form in ihrer beliebigen Vielfältigkeit erst noch hervorgehen wird. Die entscheidende Differenz liegt zwischen dem Gesetz und dem Produkt der Handlung. Wesentlich ist das Werden. Kraft des definitorischen Befehls geht der (ästhetische) Gegenstand aus der Bewegung, er geht aus der Handlung hervor, ohne dass der Befehl ihn bereits von Beginn an präformiert enthielte. Den Befehl könne man, so Blumenberg, finden oder bilden, doch sein Ergebnis habe man eidetisch nicht bereits vor sich.[96]

Und so endete die Aktion *Spuren auslöschen* nicht, als Uecker fort und in die Fluten des Meeres schritt; denn es waren die Kräfte des Wassers, die das Auslöschen der Spuren bewirkten. Uecker hinterließ Spuren, setzte sie dem Meer aus und den Prozess ihres Verlöschens in Gang. Erst in der letzten aufgenommenen Fotografie manifestiert sich die vom Künstler und Fotografen gemeinsam getroffene Entscheidung, zu sehen zu geben, dass es in dem Moment, da die Spuren vollkommen verloschen waren, vermeintlich nichts mehr zu sehen gab. Aber man erläge einem Irrtum, behauptete man, diese Fotografie gäbe nichts zu sehen. In der Sukzession und Narrativität vermittelnden Reihe der

[95] Blumenberg 2017 (1964) (wie Anm. 92), S. 90.
[96] Ebd., S. 87.

dokumentarischen Bilder zeigt sich nicht einfach die Abwesenheit der in allen anderen Fotografien noch sichtbar gewesenen Spuren, es zeigt sich vor allem die Wirkung des Wassers. Es zeigt sich die unendliche Zeit eines natürlichen Einwirkens und Verformens, aus dem ebendiese Form der Flächigkeit eines neuen Zeichengrundes im Begriff ist hervorzugehen. Mit der sequenziellen fotografischen Dokumentation des Aktionsvollzugs ist ein formaler Rahmen gesetzt worden, innerhalb dessen die potenziell unendlich weiterzutreibende und unbestimmbare Verformung der Spuren sowohl auf die Endlichkeit der Anzahl der Intervalle des An- und Abschwellens der Meeresbrandung als auch die Intervalle der fotografischen Aufnahmen bezogen ist. In den Intervallen ist das Unendliche als Defizienz, ist die Zufälligkeit der Natur durch das ästhetische Argument der Struktur ersetzt. Die derart gebannte Formlosigkeit scheint noch in der Potenzialität der Formation durch.[97]

Formgebung und Formation

Das mit seinen Maßen von 44,5 auf 40 Zentimeter eher kleinformatige Monochrom *Vertikale Struktur Weiß* (1958, Abb. 13) zeigt 28 in der vertikalen Ausbreitung des Bildes, in relativ gleichmäßigen Abständen parallel verlaufende und in dieser Konfiguration auf die Ausdehnung des Bildfeldes bezogene Vertiefungen in der pastos aufgetragenen weißen Farbmaterie. Nach und nach – wahrscheinlich mit einer Art Rechen, einer Leiste mit daran befestigten Nägeln[98] – schabte Uecker die Farbe teils bis zum Grund des Bildes aus. Die 29 entsprechend alternierenden, kammartigen Anhäufungen der Farbmaterie blieben stehen. Uecker limitierte die malerische Handlung ebenso auf die 28 Akte des Ausschabens

[97] Ebd., S. 92f.; siehe dazu auch Franz Engel/Yannis Hadjinicolaou: „Formwerdung und Formentzug. Zur Einleitung“, in: dies. (Hg.): *Formwerdung und Formentzug* (= Actus et Imago. Berliner Schriften für Bildaktforschung und Verkörperungsphilosophie, Bd. 16), Berlin/Boston 2016, S. VII–XVI, hier S. XII.

[98] Holeczek 1992 (wie Anm. 23), S. 14.

der Farbmaterie, wie er auch eine Limitierung durch die relativ gleichmäßige Parallelität und den direkten Bezug der Parallelkonfiguration zur vertikalen Ausdehnung des Bildfeldes vornahm. Damit ist das Bildfeld als ein Flächensystem planimetrischer Komposition gesetzt, das in den selbstgesetzlichen und selbstevidenten Relationen des nicht substituierbaren Sehangebotes der seriellen Struktur die ‚invariable formale Ganzheitsstruktur' als wesentliches ästhetisches Argument stiftet.

Die ‚Inter'valle bilden die Zwischenräume, in denen Uecker die hervorquellende Farbmaterie sich zu Formationen versammeln ließ. Denn bis zu einem gewissen Grad überließ Uecker das Sich-Erheben der Wülste sich selbst. Was er hier abtrug, türmte sich andernorts auf. Im Berühren des Materials spürte die ausgestreckte Hand den Widerständigkeiten und Nachgiebigkeiten nach, sie folgte den Furchen, die ihr im Malen immer schon ein wenig voraus waren. Der Intention, das gesamte strukturbildende Potenzial des Gepräges in den Formeigenschaften der Intervalle zu realisieren, ist mit dem Hervorquellen der Formationen eine Dimension einverleibt, die über die Intention hinausgeht.[99] Da jede weitere parallel gezogene Linie immer neues Material verdrängte, das in Kontakt mit den neben ihm liegenden Farbmassen kam, kanalisierte Uecker die unendlichen Komplikationen der natürlichen Prozesse von Verdrängung und Anhäufung in die dezidiert strukturbildende Intervallbildung des Ausschabens der 28 Vertiefungen. Mit jedem neu anhebenden Linienzug wurde ein bestimmtes Maß der Farbmaterie abgetragen und sogleich in den danebenliegenden Kamm verdrängt. Es verbreiterte und erhöhte ihn, wodurch das Einhegen der Formationen des freigestellten Grundes immer weiter vorangetrieben wurde. Ist das ästhetische Argument des Intervalls in den *Fingermalereien* noch auf das gesamte, sämtliche Formationen atomisierende Bildfeld ausgeweitet, so verspannt die *Vertikale Struktur Weiß* die ‚endogenen Prozesse' der Formation in die

[99] Vgl. Jean-Luc Nancy: „Von der ästhetischen Lust", in: ders.: *Ausdehnung der Seele. Texte zu Körper, Kunst und Tanz*, ausgewählt und übers. von Miriam Fischer, Zürich/Berlin 2017, S. 75–91, hier S. 77f.

Formeigenschaften[100] der 28 auf die vertikale Ausdehnung des Bildfeldes bezogenen Intervalle. Mit der seriellen Struktur ist der Farbmaterie eine Form gegeben. Und doch könne, so Heinz Mack, „[v]on Formbildung im bisherigen Sinne [...] keine Rede mehr sein".[101]

Zwei scheinbar komplementäre Merkmale machen die malerische Handlung zu einer künstlerischen: Dies ist zum einen die Bereitschaft, dem Entstehen der Form, dieser sich zwischen Hand und Material vollziehenden Bewegung der ‚Formation', dem Sich-Erheben der Wülste zu folgen,[102] zum anderen ist es die dezidierte Regelhaftigkeit, der die Handlung unterworfen ist. Die im Herstellungsprozess angelegte Spannung zwischen angestrebter Kontrolle und partiell zugelassenem Kontrollverlust prägt ebenjene – im wörtlichen Sinne der Komposition – besondere ‚Zusammen-Stellung', in der sich die dem Bild seinen Titel gebende vertikale Struktur präsentiert. Weil Uecker den Vollzug der malerischen Handlungen einer Regelhaftigkeit unterwirft, geht das konkrete Erscheinen der bearbeiteten Oberfläche aus ebenjenen Bewegungen hervor, die trotz allem nachspürenden Lassen, trotz dem weitestgehend zugelassenen Hervorquellen der Farbmaterie dem Befehl der Einheitlich- und Einförmigkeit der Serialität gehorchen.

Die Integration der sich im Einwirken der Finger zurückziehenden und den Grund freigebenden Formationen in das ästhetische Argument des Gepräges der seriellen Struktur ist alles, was im Bild gegeben ist. Nichts ist hinzuzufügen. Die besondere Konfiguration der Strukturreliefs

[100] Im Gegensatz zum ‚eidetischen Formkonzept', demzufolge Form etwas nach dem Prinzip der Imitation zu reproduzieren hat und sich durch einen die Objektidentität theoretisch und überzeitlich gewährleistenden Umriss auszeichnet, lasse, so David E. Wellbery, das ‚endogene Formkonzept' Raum für zeitlich ausgedehnte Prozesse des Sich-Herausbildens im Zusammenspiel von Varianz und Invarianz. David E. Wellbery: „Form und Idee. Skizze eines Begriffsfeldes um 1800", in: Jonas Maatsch (Hg.): *Morphologie und Moderne. Goethes ‚anschauliches Denken' in den Geistes- und Kulturwissenschaften seit 1800* (= Klassik und Moderne. Schriftenreihe der Klassik Stiftung Weimar, Bd. 5), Berlin/Boston 2014, S. 17–42, hier S. 19.

[101] Heinz Mack: „Die neue dynamische Struktur" (1958), in: Dirk Pörschmann/Mattijs Visser (Hg.): *4 3 2 1 ZERO*, Düsseldorf 2012 [Nachdruck *ZERO*, Bd. 1, 1958], S. 15–16, hier S. 15.

[102] Vgl. Nancy 2017 (wie Anm. 99), S. 78.

‚durch' Verdrängung des Materials, das sich unter der Krafteinwirkung der malenden Hände zurückzieht, lässt das ‚Als' der Vergegenwärtigung fragil werden.[103] Die neuzeitliche Aufwertung des schöpferischen Subjekts markiert eine Zäsur. Dessen Werkschaffen ist nicht länger ein Akt der Reproduktion einer idealen Gegebenheitsweise und der Verweis auf ein anderes, exemplarisches und bereits vom Demiurgen realisiertes Sein. Das Werk zeigt eine immanente Struktur, die selbst dieses, so Blumenberg, für die Möglichkeit des Menschen exemplarische Sein ist.[104] Und von dieser Struktur sind die Strukturreliefs Ueckers. Der Bezug zur vorgegebenen Außenwelt ist nachrangig; die Differenz zwischen dem vergegenwärtigenden Bild (als dem Bildobjekt) und dem, was es vergegenwärtigt (als sein Bildsujet), ist nicht auf ein lediglich wiederholendes Nachahmen zu reduzieren. Denn der konkreten Malerei eignet das Vermögen, als Flächensystem und in der Entfaltung jener seinen Flächenwerten innewohnenden Ausdruckskräfte solche optischen Erfahrungen zu eröffnen, die über alle körperräumliche Sichtbarkeit wie ebenso alle schon zuvor bekannten Zeichen hinaus noch Unbekanntes und Ungesehenes zugänglich machen.[105] So ist die serielle Struktur die Wahrnehmbarmachung und die sich jeder Transkription verweigernde, unmittelbare Manifestation des ästhetischen Arguments[106] und mithin eines ‚ästhetischen Denkens'.[107]

Der Verspannung wegen, vermittels derer das ästhetische Argument der seriellen Elementarstruktur formuliert ist, bleibt die in endogenen Prozessen aufkeimende Formation als Formloses nicht am Rand der formalen Struktur liegen. Vielmehr zeugt die sich entfaltende Spannung zwischen dem scheinbar Formlosen und der geformten Struktur von

[103] Vgl. Dieter Mersch: „Einleitung (Ästhetische Differenz. Über die ‚Weisheit' der Künste)", in: *figurationen. gender – literatur – kultur*, Jg. 17, Nr. 1, 2016, S. 7–21, hier S. 10.

[104] Hans Blumenberg: „‚Nachahmung der Natur'. Zur Vorgeschichte der Idee des schöpferischen Menschen" (1957), in: *Hans Blumenberg. Ästhetische und metaphorologische Schriften*, Auswahl und Nachwort von Anselm Haverkamp, 5. Aufl., Berlin 2017, S. 9–46, hier S. 12 und S. 45.

[105] Imdahl 1996 (1979) (wie Anm. 68), S. 383f.

[106] Vgl. Mersch 2016 (wie Anm. 103), S. 11.

[107] Dieter Mersch: *Epistemologien des Ästhetischen*, Zürich/Berlin 2015, S. 11.

der Absicht, das den Prozessen der Formation innewohnende Potenzial des Formwerdens zu zeigen. Realisiert wird ebenjenes Potenzial im sehenden Abtasten der geprägten, der intendierten seriellen Struktur, die die Bewegungen der Formation zurück- und im Zaum hält. Rührt der Betrachter an diese Zurückhaltung der Formation, rühre er an die, so Nancy, sinnliche Erschütterung des ästhetischen Genusses.[108] Weil es ihm scheint, als zeige das Strukturrelief die Kraft, die sich der Formen bemächtigt, als zeige sich die Kraft des Sich-Öffnens der Form zu ihrer eigenen Formation hin, gibt sich der Betrachter empfänglich für die haptisch-affektive Wirkung.

III Noli me tangere

Jenes „Rühre mich nicht an", das Christus, von den Toten auferstanden, jedoch noch nicht zum Vater aufgefahren, Maria Magdalena in jenem Moment entgegnete, da sie, die bis zu dieser Ansprache in ihm einen Gärtner sah, ihn berühren wollte,[109] sei als eine, so Nancy, wahre, zurückgehaltene, eine nicht besitzergreifende und nicht identifizierende Berührung zu deuten. Weil die wahre Bewegung, sich zu geben, nicht bedeute, eine greifbare Sache zu liefern, sei das Zurückweichen Christi keine Verweigerung. Es bedeute vielmehr, das Berühren einer Präsenz und folglich die Eklipse zu erlauben, die Abwesenheit und den Fortgang,

[108] Nancy 2017 (wie Anm. 99), S. 79; siehe auch Jean-Luc Nancy: „Entstehung zur Präsenz", übers. von Kirsten Mahlke, in: Christiaan L. Hart Nibbrig (Hg.): *Was heißt „Darstellen"?*, Frankfurt a. M. 1994, S. 102–106, hier S. 103f. und S. 106.

[109] Johannesevangelium, Kapitel 20, Vers 14–17: „Und als sie das sagte, wandte sie sich um und sieht Jesus stehen und weiß nicht, dass es Jesus ist. Spricht Jesus zu ihr: Frau, was weinst du? Wen suchst du? Sie meint, es sei der Gärtner, und spricht zu ihm: Herr, hast du ihn weggetragen, so sage mir, wo du ihn hingelegt hast; dann will ich ihn holen. Spricht Jesus zu ihr: Maria! Da wandte sie sich um und spricht zu ihm auf Hebräisch: Rabuni!, das heißt: Meister. Spricht Jesus zu ihr: Rühre mich nicht an! Denn ich bin noch nicht aufgefahren zum Vater. Geh aber hin zu meinen Brüdern und sage ihnen: Ich fahre auf zu meinem Vater und zu eurem Vater, zu meinem Gott und zu eurem Gott."

gemäß derer sich eine Präsenz stets geben muss, um sich zu vergegenwärtigen.[110]

In der Malerei ist das religiös begründete Berührungsverbot, dessentwegen Bilder in „Zonen der Berührungsfurcht"[111] eingehegt sind, vielfach dargestellt worden. Wunderbar zeigt das zur Sammlung der Gemäldegalerie der Staatlichen Museen zu Berlin gehörige Altargemälde *Noli me tangere* (um 1492, Abb. 15) von Bartolomeo Montagna (1450–1523) die paradoxe Logik einer Flächenschicht, die sich, wie Grave zeigt,[112] bei genauerer Betrachtung nicht vollkommen auf jenen bereits im inneren Sehen entwickelten idealen (Bild-)Raum hin öffnet. Doch ohne diesen Bildraum wäre Christus jenes Handlungsspielraumes beraubt, der es ihm überhaupt ermöglicht, vor der Berührung Maria Magdalenas zurückzuweichen. In der vorderen Flächenschicht des Bildes in eine architektonische Gliederung eingestellt, sind die beiden Heiligen Johannes der Täufer und Hieronymus von einer dahinterliegenden zweiten Flächenschicht getrennt,[113] die den Blick in eine Landschaft zu führen scheint, in der sich das im Johannesevangelium geschilderte Geschehen ereignet. Anfangs mögen die architektonischen Elemente der äußerst flachen Pilaster mit ihren weit vorkragenden Konsolen den Anschein erwecken, als trügen sie schwere Bögen, doch setzen Pilaster eine Wand als Rücklage voraus. Mithin ist keine Durchsicht, sondern ein Wandabschluss gegeben. Die Wand fungiert als Bildgrund der mimetischen Wiedergabe der Landschaft und der in sie eingebetteten Begegnung zwischen dem Auferstandenen und Maria Magdalena.

110 Nancy 2019 (2003) (wie Anm. 16), S. 70.

111 Hartmut Böhme: „Zonen der Berührungsfurcht – Tactus und Visus im Bildgeschehen", in: Tina Zürn/Steffen Haug/Thomas Helbig (Hg.): *Bild, Blick, Berührung. Optische und taktile Wahrnehmung in den Künsten*, München 2019, S. 31–56.

112 Johannes Grave stellt dieses paradoxe und dem Berührungsverbot innerhalb der christlichen Darstellung dezidiert neue Bildfindungen hinzugewinnende Spiel mit der gerade erschlossenen Linearperspektive besonders heraus. Johannes Grave: *Architekturen des Sehens: Bauten in Bildern des Quattrocento*, Paderborn 2015, S. 140–144.

113 In der Formbildung weniger differenzierter Flächeneinheiten, die auf die vordere als dezidierte Hauptfläche eines Bildes bezogen sind, findet Adolf Hildebrand die Bedingung der wesentlich flächigen Wahrnehmung eines (Bild-)Reliefs begründet. Adolf Hildebrand: *Das Problem der Form in der bildenden Kunst*, 2. Aufl., Straßburg 1897, S. 54f. und S. 72.

Im Wissen um die architektonische Funktion der Pilaster löst der Betrachter das Bild von sich selbst; er löst es aus der Gesamtheit des idealen Bildraumes, sodass es ihm nun zwischen den Pilastern als Bild eigens gerahmt erscheint.[114] Die Wand erweist sich als flächiger und haptischer Grund. Weil die Staffelung der Figuren in die Tiefe des idealen Bildraumes hinein nur durch deren gegenseitiges Überlagern anzuzeigen ist, das Bild im Bild aber in seiner wandgebundenen Flächigkeit aufscheint, ist unzweifelhaft, dass die Figuren nebeneinander angeordnet sind. Der sichtbare Anschein der räumlichen Distanz zwischen ihnen verflüchtigt sich, sodass sich die paradoxe Einsicht durchsetzt, dass die Figuren einander in der Fläche berühren: Die Rechte Christi berührt das Haupt Maria Magdalenas, während deren rechte Hand an den Fuß des Auferstandenen rührt. Doch um an die unbegreifliche Präsenz des Auferstandenen zu rühren, muss sich die Berührung in die Distanz des Sehens zurückziehen; der Auferstandene muss vor der Berührung Maria Magdalenas zurückweichen, um sie sehen zu lassen. Und so schaut der Betrachter diese Flächenschicht des Altargemäldes an, als hebe sie sich ein zweites Mal vom Grund des Bildes ab. Er sieht davon ab, an die Haptik dieses von Pilastern gerahmten Bildgrundes zu rühren und meint vielmehr in die Tiefe eines zweiten sich öffnenden Bildraumes zu schauen. Nun endlich gewinnen Christus und Maria Magdalena ihre bildliche, ihre entrückte Präsenz zurück.

Die Strukturreliefs machen also nicht die längst vergangene Berührung der malenden Finger sichtbar. Sie sind das nicht durch anderes zu ersetzende Angebot, zu sehen zu geben, was anders schlicht nicht sichtbar ist. Sie geben das Gepräge einer invariablen formalen Ganzheitsstruktur zu sehen. Sie geben zu sehen, worin sich das komplementäre Verhältnis zwischen der unendlichen Arbeit des Einhegens und den sich potenziell unendlich wandelnden Formationen, worin sich also das ästhetische Denken zeigt. Denn das Bild sei, so Nancy, gerade und nur dann Sicht, wenn es gesehen wird. Und es wird gesehen, wenn die Schau

[114] Vgl. Nancy 2012 (1990/2001) (wie Anm. 17), S. 19.

in ihm und durch es entsteht, so wie die Schau nur sieht, wenn sie mit ihm und durch das Bild gegeben ist.[115] Die Strukturreliefs mögen die Resultate eines haptischen Handelns, die Resultate des Durchfurchens der noch feuchten Farbmaterie bis zur unumgänglich haptischen Stofflichkeit des Bildgrundes sein,[116] doch wird dieser gewöhnlich übersehen. In seiner Eigenschaft, Bildgrund zu sein, verschwindet der materielle Grund. Er erscheint als das, was er ist, indem er verschwindet. Seine wesentliche, die Bildlichkeit fundierende Funktion ist die Distinktion. Durch die von ihnen und an ihnen präsentierten Markierungen trennen Bilder, was, so Nancy, „nicht mehr ins Reich des Ergreifens gehört; nicht so sehr ein Unberührbares also als vielmehr ein Ungreifbares."[117] Wie Christus, bereits im Fortgehen begriffen, zurückwich, während Maria Magdalena versuchte, die (optische) Distanz durch ihre sich nähernde Berührung zu tilgen, weicht die immateriell-optische Ebene des Bildobjekts vom Grund, der im haptisch-materiellen Bildding vorliegt, zurück. In diesem Zusammenhang spricht Martin Heidegger in seinem *Kunstwerk-Aufsatz* vom Streit zwischen Welt und Erde.[118] Die Spannung zwischen Rückzug und Annäherung ist der sinnlich nicht wahrnehmbare (intelligible) Sinn des Bildes. Er ist als solcher am Bild zu vernehmen.[119]

[115] Nancy 2019 (2003) (wie Anm. 16), S. 13.

[116] Alois Riegl hebt am (Relief-)Grund die unumgänglich taktische Stofflichkeit hervor. Der Grund sei die ideale Erscheinung einer absolut tiefenlosen und mithin raumlosen Ebene, jene Scheidewand, durch die aller störender Raum hinter der optischen (Ober-)Fläche des Reliefs abgeschnitten ist. Riegl 1927 (1901) (wie Anm. 74), S. 96f.

[117] Nancy 2012 (1990/2001) (wie Anm. 17), S. 10.

[118] Indem es eine Welt aufstellt, lasse das Kunstwerk den Stoff nicht verschwinden, sondern ihn zuallererst hervorkommen. Die Farben würden nur dann zum Leuchten kommen, wenn sie im Gegeneinander von Welt und Erde in das Offene der Welt gehalten sich doch unentborgen und unerklärt in die Erde zurückziehen würden. Martin Heidegger: „Der Ursprung des Kunstwerkes" (1950), in: *Martin Heidegger. Gesamtausgabe*, 1. Abteilung: *Veröffentlichte Schriften 1914–1970*, Bd. 5: *Holzwege*, hg. von Friedrich-Wilhelm von Herrmann, Frankfurt a. M. 1977, S. 1–74, hier S. 32–36.

[119] Nancy 2012 (1990/2001) (wie Anm. 17), S. 10 und S. 20.

Wirkungsstrukturen der Interaktion

Das gesamte strukturbildende Potenzial der Strukturreliefs ist in den bestimmten Formeigenschaften ebenjener Intervalle fundiert, in denen sich eine Elementarstruktur manifestiert. Mithin ist die ideelle Genese des Sich-Formens als ‚endogener Formprozess' aus ihr rekonstruierbar.[120] Sie ist logisch begründet. Weil den Konstellationen der Formationen aber eine gewisse Kontingenz anhaftet, lassen sich jederzeit Alternativen anführen.[121] Die zuallererst wahrgenommene Parallelstruktur aus haptischen Furchen und Wülsten in der pastos aufgetragenen weißen Farbe ist ein erster Aspekt, das ästhetische Argument der seriellen Elementarstruktur mit den in sie verspannten endogenen Prozessen der Formation von 28 auf die vertikale Ausdehnung des Bildfeldes bezogenen Intervallen ist ein möglicher zweiter Aspekt und die optisch in eine simultan ansichtige Konfiguration auskristallisierten Markierungen des sukzessiven Handlungsvollzugs sind ein dritter Aspekt des Strukturreliefs *Vertikale Struktur Weiß*.

Im Bewusstsein, dass sich das Wahrnehmungsobjekt materiell nicht verändert hat, kann sich die paradoxe Erfahrung einstellen, dass das Bild den Aspektwechsel, das Umschlagen, die Verwandlung oder das Fluktuieren nicht einfach besonders intensiv erfahren lässt; das ‚Vorzeigen' der kalkuliert gegeneinandergeführten verschiedenen Auffassungs-

[120] Vgl. Wellbery 2014 (wie Anm. 100), S. 40.

[121] Vgl. Mersch 2015 (wie Anm. 107), S. 11f. Michael Makropoulos differenziert zwischen den beiden temporalen Formen der Veränderbarkeit und Veränderlichkeit, in denen sich Kontingenz manifestiert. Veränderbarkeit hat eine aus dem gegebenen und mithin begrenzten Möglichkeitshorizont in die Zukunft gerichtete Dimension. Demgegenüber erweist sich Veränderlichkeit als nachträgliche Bestimmung, die das Eingetreten-Sein eines Ereignisses voraussetzt. Michael Makropoulos: „Blumenberg und die Ontologie des ästhetischen Gegenstandes", in: Michael Heidgen/Matthias Koch/Christian Köhler (Hg.): *Permanentes Provisorium. Hans Blumenbergs Umwege*, Paderborn 2015, S. 93–111, hier S. 96.

weisen[122] ist an das Sich-Zeigen des Bildes gebunden.[123] Das Bemerken der Ambiguität, das Bemerken der sich dem Betrachter eröffnenden Möglichkeit, eine Reihe von Aspektwechseln zu vollziehen, ist nicht das Ende, es markiert erst den Beginn der deutenden Auseinandersetzung mit der spezifischen ästhetischen Performanz des ästhetischen Objekts.[124] Die ambige Artikulation hat mehr als eine distinkte Bedeutung. Kein Aspekt ist einem anderen grundsätzlich vorrangig. Es bedarf der vom Betrachter zu leistenden Bewertung der sich jeweils unterschiedlich nachhaltig auswirkenden Aspekte.[125] So zeigt das Altargemälde Montagnas einen perspektivisch dargestellten Bildraum, darin aber auch eine als Bildgrund fungierende Wand als jene Flächenschicht, die schließlich die Darstellung eines weiteren, sich öffnenden Bildraumes trägt. In vergleichbarer Weise bedeutet die Entscheidung, die Markierungen der Bildfelder der Strukturreliefs als Kristallisationen des vollzogenen malerischen Handelns eng an das ästhetische Argument der seriellen Elementarstruktur mit den in sie verspannten endogenen Prozessen der Formation zu binden, eine bestimmte und entschlossene theoretische Setzung, die am wahrgenommenen Erscheinen der Strukturreliefs ihren Ausgang nimmt. In beiden – wenn auch historisch weit auseinanderliegenden – Bildfindungen sind die Betrachtungs- und die Bildzeit miteinander verschränkt. Die Zeit des Betrachtens dehnt sich mit der Erschließung der Phänomene aus, die sich möglicherweise als zunehmend komplexer erweisen.[126]

Als Wirkungsstrukturen der Interaktion bedürfen die formal fixierten Konstellationen des bildlichen Gepräges zwangsläufig eines Be-

[122] Michael Lüthy: „Ambiguität in der bildenden Kunst. Eine differenzierende Bestimmung", in: Bernhard Groß u. a. (Hg.): *Ambige Verhältnisse. Uneindeutigkeit in Kunst, Politik und Alltag*, Bielefeld 2021, S. 73–109, hier S. 75; Michael Lüthy: „Das Medium der ästhetischen Erfahrung. Wittgensteins Aspektbegriff, exemplifiziert an Pollocks Malerei", in: Gertrud Koch/Kirsten Maar/Fiona McGovern (Hg.): *Imaginäre Medialität/Immaterielle Medien*, München 2012, S. 125–142, hier S. 136.

[123] Figal 2010 (wie Anm. 80), S. 65.

[124] Lüthy 2021 (wie Anm. 122), S. 86f.

[125] Ebd., S. 74 und S. 76.

[126] Johannes Grave bezeichnet dies als ‚rezeptionsästhetische Temporalität des Bildes'. Johannes Grave: *Bild und Zeit. Eine Theorie des Bildbetrachtens*, München 2022, S. 25.

trachters. Damit sich ein Aspekt gegenüber einem anderen als wesentlicher und schließlich als wirkungsvoll erweisen kann, bedarf es eines das nicht substituierbare Sehangebot des Strukturreliefs empfangenden und sich in den Akten aspekthaften Erfassens zum Bild verhaltenden Betrachters. Die Strukturreliefs sind realisierungsbedürftig.

Jede Kraft, die das Bild dazu zu befähigen scheint, bei seiner Betrachtung aus der Latenz in die Außenwirkung des Fühlens, Denkens und Handelns zu springen, ist die von seinem Betrachter vollzogene Realisierung des nicht substituierbaren Angebotes, das mit dem Bild gegeben ist. Die scheinhafte Instanz des Bildes ist grundsätzlich nicht in Zweifel gezogen.[127] Die serielle Elementarstruktur mit den in sie verspannten Formationen ist die sichtbare Konfiguration der auskristallisierten Markierungen des Handlungsvollzugs, doch wäre es verfehlt, dem Bild „im Wechselspiel mit dem Betrachter von sich aus eine eigene, aktive Rolle zuzuschreiben",[128] wie Horst Bredekamp dies mit der Terminologie des ‚Bildakts' vorschlug. Dass es dem Betrachter obliegt, die Zeit seines optischen Abtastens des Bildfeldes als scheinbare Annäherung von Bildentstehungs- und Bildbetrachtungszeit zu realisieren, bedeutet eben auch, dass er nicht Zeuge scheinbar hervorquellender und sich in den Intervallen der seriellen Struktur zu Formationen versammelnder Farbmaterie wird; dies wäre eine Form des ‚intrinsischen Bildakts'.[129] Tatsächlich wird der Betrachter in Wirkungsstrukturen als Potenziale der Strukturreliefs involviert, die sich zu den im Bild wie eigenlebendig erscheinenden, endogenen Prozessen der Formation mimetisch verhalten.[130]

[127] Markus Klammer/Malika Maskarinec/Rahel Villinger/Ralph Ubl: „Formbildung und Formbegriff. Zur Einleitung", in: dies. (Hg.): *Formbildung und Formbegriff. Das Formdenken der Moderne*, Paderborn 2019, S. 9–30, hier S. 19.

[128] Horst Bredekamp: *Der Bildakt. Frankfurter Adorno-Vorlesungen 2007*, Berlin 2015 [Neufassung], S. 59.

[129] Ebd., bes. Kapitel V.

[130] Vgl. Villinger 2015 (wie Anm. 88), S. 291. Rahel Villinger hebt hier besonders hervor, dass Form intrinsisch gedacht ist: Die Form spaltet sich in Bildendes und Gebildetes, in Formendes und Geformtes, in (sich) Darstellendes und Dargestelltes. Diese intrinsische Spaltung der Form erlaubt es, ebenso ein Formwerden des Gehalts wie auch das Gehaltwerden der Form als werkimmanente bzw. formimmanente Reflexion zu denken. Ebd., S. 280–282.

Das Monochrom *Schwarze Lunge* (1957, Abb. 14) macht dieses Spannungsverhältnis besonders deutlich. Das bildliche Gepräge ist in einem hochrechteckigen Bildfeld fundiert, das der Breite nach in vier Kompartimente unterteilt ist, die wiederum eine Schwerpunktverlagerung durch Ausgreifen der Parallelstruktur über die Bildmitte in die linke Hälfte des Bildfeldes zeigt. Die vertikale Staffelung der Parallelstruktur aus haptischen Furchen und Wülsten ist innerhalb der vier Kompartimente jeweils an der Horizontalen orientiert. Im linken Kompartiment folgt sie ihr weitestgehend, um sich zu beiden Seiten des aus der Bildmitte nach links verschobenen Grabens tendenziell zu ebendiesem hinzubeugen und sich im Kompartiment ganz rechts der Horizontalen erneut anzunähern. Die Farbe selbst, dieses hochglänzende Schwarz, lässt das Licht in den flachen Zwischenräumen des Reliefs hin und her springen. Vermittels seiner Bewegungen in diesem mit der materiellen Außenseite des Strukturreliefs geteilten Lichtraum realisiert der Betrachter die besondere, in ihrer Haptik erscheinende und sich im Gegeneinander von aufsteigenden und absinkenden Linien leicht emporwölbende Oberflächenstruktur. Er rührt an die Haptik des Bildes.[131] Er realisiert den Anschein, als begegne er einem lebendigen Bildleib. Von Uecker sicherlich bewusst gesetzt, beflügelt der Titel die Imagination, sodass es scheinen mag, als hebe und senke sich ein Bildleib, wie sich in der Atmung der Brustkorb sanft über den sich aufblähenden Lungen hebt und senkt.

Zweifellos ist dies auch ein Effekt der Sprache des kunsthistorischen Beschreibens, die dazu tendieren kann, den eigentlichen Anschein zu verdecken und auch den endogenen Prozessen der Formation eine Eigenlebendigkeit und Wirkmacht angedeihen zu lassen.[132] Prominent knüpfte Bredekamp an die von der Antike bis zur Aufklärung reichende Tradition an, Bilder als ‚imagines agentes' aufzufassen,[133] da ihnen *energeia* zugesprochen werden könne, die Wirkkraft der Evokation einer derart gesteigerten Bildpräsenz, dass sie dem Betrachter das bloß Fingierte

[131] Vgl. Mühleis 2022 (wie Anm. 51), S. 159.
[132] Grave 2020 (wie Anm. 29), S. 93.
[133] Bredekamp 2015 (wie Anm. 128), S. 30.

als Wirklichkeit vor Augen zu stellen vermögen. Mit der Veröffentlichung seiner Terminologie sah Bredekamp sich denn auch mit der Kritik konfrontiert, „mit dem Bildakt ein überkommenes Element der Bildmagie zu revitalisieren".[134] Doch habe er den Begriff des ‚Bildakts' formuliert, um die bei der Psychologie und der sozialen Einbettung der Rezipierenden ansetzenden Mechanismen dahin zu erweitern, Bilder als „pseudolebendige Erregungsquellen"[135] zu verstehen, die ein systematisches Wechselspiel mit ihrem Betrachter bewirken. Das Wechselspiel ist die Interaktion zwischen Bild und Betrachter, jene Interaktion, in deren Prozess der Anschein des Lebendigen derart realisiert wird, dass er dem Betrachter zur Quelle seines eigenen Affiziertseins wird, wobei der, so Bredekamp, wesentliche Impuls – und an dieser Festlegung entzündete sich die Kritik – vom Gegenüber des Betrachters, also vom Bild ausgehe.[136] Denn die Theorie der verkörperten Kognition etwa begreife, so Bredekamp, „den Körper und die Mittel des Denkens im Prinzip weiterhin als Extensionen eines zerebralzentristisch zu denkenden Kerns" und leide deshalb „an dem Kurzschluß, dem sie sich zu entziehen sucht."[137]

Den gegen seine Terminologie vorgebrachten Einwänden begegnete Bredekamp mit der Kritik an jenen im Umfeld des Bildakts argumentierenden Theorien, die in der Spielart des ‚Enaktivismus' selbst „kaum über ein Hinausschieben und Externalisieren des Denkens" hinauskämen:[138] namentlich die Theorien der ‚verkörperten Kognition', des vorbegrifflichen ‚Körperschemas', der ‚körperlichen Resonanz' wie auch die Theorie der ‚Affordanzstruktur'. Tatsächlich jedoch zeichnen sich all diese Theorien dadurch aus, die *agency*, die scheinbare Handlungsmacht des Bildes, in die Situation der Begegnung von Bild und Betrachter zu verlagern. Die Aufmerksamkeit ist auf die Interaktionen gerichtet, auf

[134] Ebd., S. 12.

[135] Horst Bredekamp: „Bildakt", in: Marion Lauschke/Pablo Schneider (Hg.): *23 Manifeste zu Bildakt und Verkörperung*, Berlin/Boston 2018, S. 25–33, hier S. 26.

[136] Ebd.

[137] Bredekamp 2015 (wie Anm. 128), S. 18. Horst Bredekamp entfaltet das Vorwort zur Neufassung des Bildakts als Reaktion auf die ihm entgegengebrachte Kritik und grundsätzliche Rechtfertigung seiner Forschung. Ebd., S. 9–19.

[138] Bredekamp 2018 (wie Anm. 135), S. 32.

das in der Erfahrung des Betrachters konstituierte ‚ästhetische Objekt'. Dessen Realisierung durch seinen Betrachter ist auf die Potenziale und Vorgaben des Bildes verwiesen.[139]

Berührung im Entzug

Die spezifische Form, den Betrachter durch die potenziell affektiv wirksamen Strukturen zu den Strukturreliefs zu situieren und ihn mit selbigen durch die von ihnen ausgelösten Erfassungsakte zu verbinden, ist eine bildliche ‚Zurichtung',[140] eine künstlerische Setzung und ein Eingriff in die Situation des Bildbetrachtens, der darauf zielt, den Betrachter nicht nur zu beeinflussen, sondern etwas überhaupt erst zu ermöglichen und zugleich anderes auszuschließen. In seinen Bewegungen durch den mit der materiellen Außenseite der Strukturreliefs geteilten Lichtraum tritt der Betrachter in ein relationales Beziehungsgeflecht mit den Bildern ein. Als Zurichtungen ‚ikonischer Affordanz'[141] emergieren die Strukturreliefs in der Interaktion des Rezeptionsprozesses mit dem tastenden Blick ihres Betrachters. Eine solche Malerei „besetzt" das Auge „mit den Farben und Linien" und sie vermag, wie Deleuze formuliert, das Auge „von seiner Zugehörigkeit zum Organismus" und „von seinem Charakter als festes und qualifiziertes Organ" zu befreien;[142] es „wird virtuell zum mehrwertigen unbestimmten Organ", das im Bild die reine Präsenz sieht.[143] Deshalb ist es allein der Betrachter, der den Strukturreliefs im

[139] Grave 2020 (wie Anm. 29), S. 100.

[140] Johannes Grave/Joris Corin Heyder/Britta Hochkirchen: „Jenseits der Dichotomie von Bild und Kontext. Zur Bedeutung von Zurichtungen des Bildersehens – Eine Einleitung", in: dies. (Hg.): *Vor dem Blick. Zurichtungen des Betrachtens von Bildern*, Bielefeld 2022, S. 7–43, hier S. 17.

[141] Marion Lauschke: „Ikonische Formprozesse und Affordanzen. John Dewey und Paul Klee", in: dies./Johanna Schiffler/Franz Engel (Hg.): *Ikonische Formprozesse. Zur Philosophie des Unbestimmten* (= Image. Word. Action, Bd. 3), Berlin/Boston 2018, S. 45–62, hier S. 53.

[142] Deleuze 1995 (1984) (wie Anm. 64), S. 36.

[143] Ebd.

Realisieren des von ihnen präsentierten ästhetischen Arguments ihren spezifisch zeitlich ausgedehnten performativen Sinn verleiht.[144]

Wie die Färbung den Übergang von der Materialität der Farbe zur leuchtend farbigen Erscheinung zeitigt, so zeitigt das haptische Handeln die Überführung der Materialität der Farbe in das ästhetische Argument der seriellen Elementarstruktur der Intervalle; und schließlich zeitigt das ästhetische Argument das Erscheinen der Reliefstruktur im Licht.

Tastet der Betrachter mit seinem Blick die sich in der lichten Erscheinung der seriellen Elementarstruktur und den endogenen Prozessen der Formation zeigenden Furchen und Wülste ab, kann er an ihnen eine Strukturähnlichkeit entdecken, die er gestützt auf seine ambulante Körperlichkeit durch Propriozeption und Kinästhesie sinnlich wahrzunehmen vermag.[145] Die Strukturähnlichkeit stiftet eine Verbindung zwischen der Prozessualität des Inskribierens des Bildfeldes, eine Verbindung zwischen der malerischen Handlung und der sich über das Bildfeld ausbreitenden Struktur. Vermittels der Wirkungsstrukturen relational-operativ auf ihn bezogen, realisiert der Betrachter die Temporalität der Ausbreitung. Nun zeigt sich in der spezifischen Strukturdichte ein ästhetisches Denken im körperlichen Akt der haptischen Zurichtung der Strukturreliefs durch das Verspannen der Formationen in die Intervalle der seriellen Elementarstruktur. Die Zurichtung ist die im ikonischen Präsens der Strukturreliefs sedimentierte Bildinhaltszeit. Ihre temporale Verdichtung aufzulösen, verlangt danach, sich im Betrachten Zeit zu nehmen.

So ist der im Modus der Ambiguität vollzogene Akt des Realisierens der Strukturreliefs ein Akt an der Schwelle von bildexogener Produktionszeit und bildimmanenter Existenzzeit. Beide tendieren dazu,

[144] Vgl. Lauschke 2018 (wie Anm. 141), S. 53.
[145] Krois 2011 (wie Anm. 33), S. 214f.

ineinander überzugleiten.[146] Als künstlerische Gestaltungen gehen die Strukturreliefs als ästhetische Objekte in der Realisierung der ästhetischen Konfiguration durch ihren Betrachter hindurch und in den als wesentlich beurteilten Aspekt der ihnen immanenten Historizität des Zurichtens im haptisch-malerischen Handeln über. Die Strukturreliefs sind dieser Übergang.[147] Realisiert der Betrachter das strukturbildende Potenzial des ästhetischen Arguments, rührt er an die Intensität der in die Intervalle eingehegten und in die serielle Elementarstruktur verspannten Bewegung der Formation. Er rührt an das zurückgehaltene Haptische des malerischen Handelns, das sich nun endlich Bahn bricht.[148]

Die Strukturreliefs Ueckers geben zu sehen, was den Tastsinn in höchstem Maße affiziert, um dem tatsächlichen Berühren dann doch entzogen zu sein und ihren Betrachter auf sein Sehen zurückzuwerfen. Den Wirkungsstrukturen der haptischen Affektion kann man sich begrifflich annähern, und doch verbleiben die Strukturreliefs in einer im Be‚greifen' nicht vollends zu fixierenden Schwebe. Dies ist der Nukleus des von Uecker entfalteten und in den folgenden Jahrzehnten immer weiter ausdifferenzierten Œuvres.

[146] Klaus Gereon Beuckers hat die Zusammenführung oder partielle Verbindung von bildimmanenten und bildexogenen Zeiten für die vor Publikum aufgeführten Benagelungen Ueckers ausgewiesen. Klaus Gereon Beuckers: „Rhythmus, Klang, Ton – Musik. Bemerkungen zur akustischen Komponente in den Aktionen von Günther Uecker und der Aktionskunst der 1960er Jahre", in: ders. (Hg.): *Günther Uecker. Die Aktionen*, Petersberg 2004, S. 137–177, bes. S. 138f. und S. 172.

[147] Vgl. Grüny 2013 (wie Anm. 93), S. 64 und S. 72.

[148] Vgl. Nancy 2017 (wie Anm. 99), S. 90f.

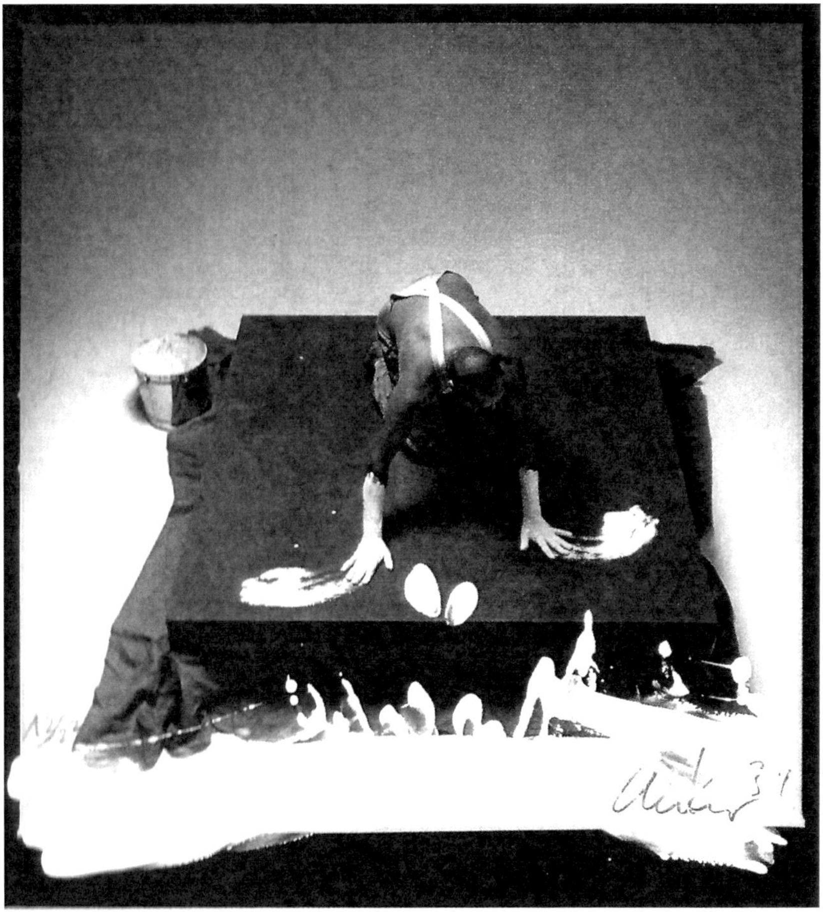

Abb. 1–3: Günther Uecker, *Bildrituale – Entwicklung eines Werkes (Fotoumwandlungen)*, 1981
Granolithografien auf Karton | granolithographs on cardboard
Fotos | photos: Rolf Schroeter
Objektkasten, je 60,5 × 51 cm, Auflage 13/22, im Eigenverlag Rolf Schroeter, Zürich | object box, each 60.5 × 51 cm, edition of 13/22, published by Rolf Schroeter, Zurich
WV | CR Honisch 1983, Nr. | no. 1022

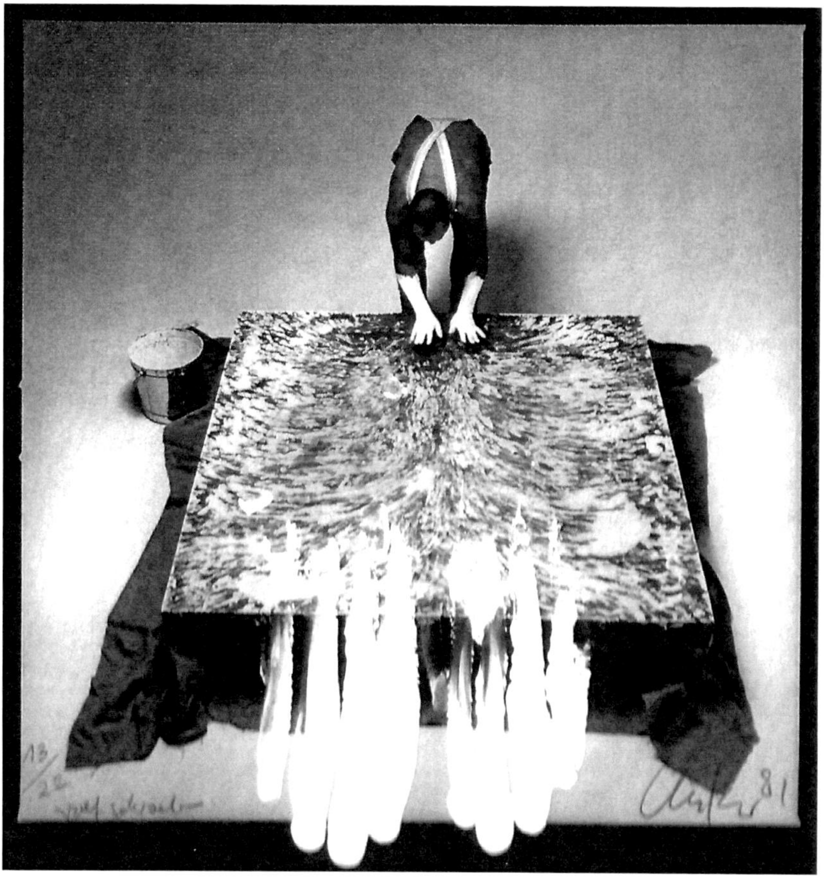

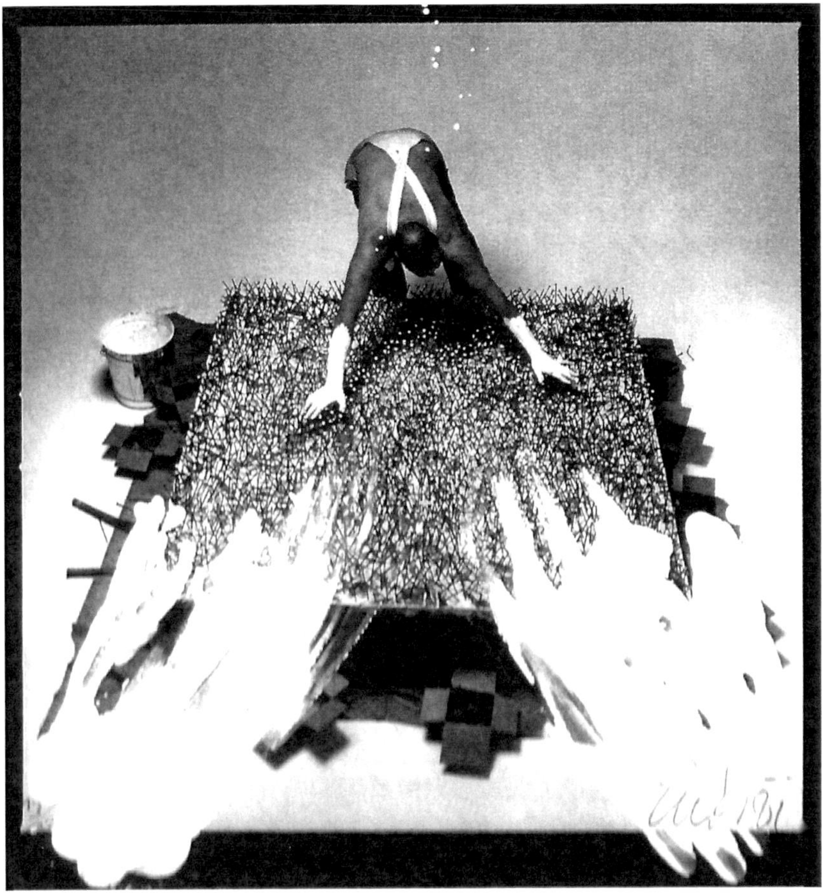

Abb. 4: Günther Uecker, *Dreckbild*, 1956
Öl auf Leinwand | oil on canvas, 78 × 58,5 cm
Sammlung | Collection Uecker
WV | CR Honisch 1983, Nr. | no. 4

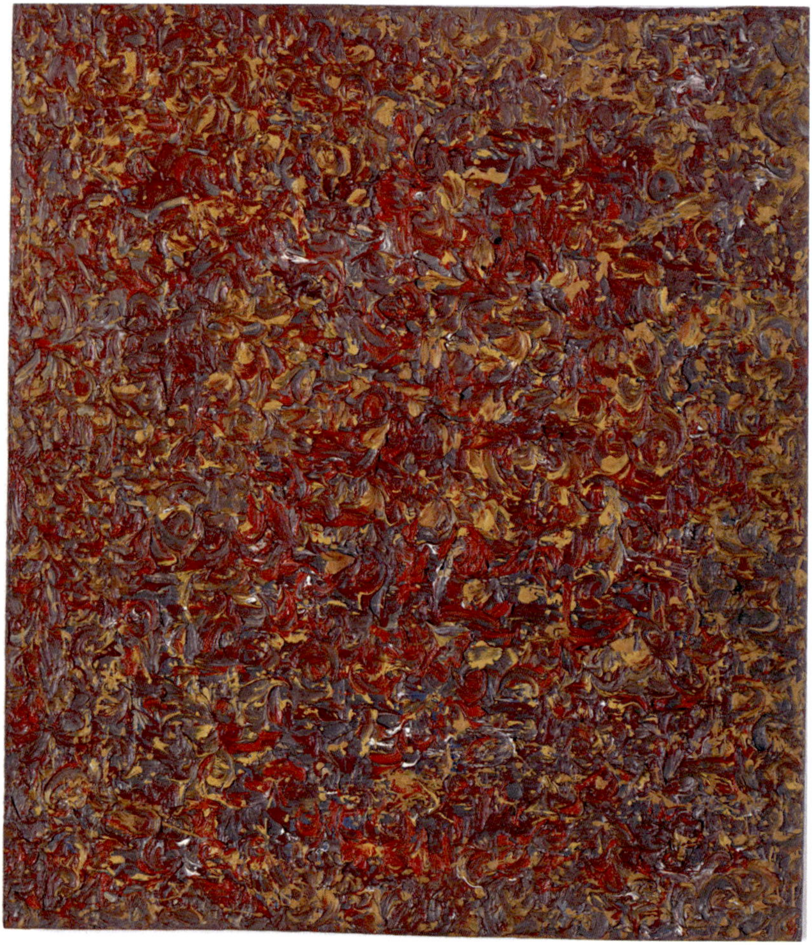

Abb. 5: Günther Uecker, *Fingermalerei,* 1956
Öl auf Hartfaserplatte | oil on hardboard, 51 × 45 cm
Sammlung | Collection Uecker
WV | CR Honisch 1983, Nr. | no. 2

Abb. 6: Günther Uecker, *Fingermalerei*, 1956
Öl auf Hartfaserplatte | oil on hardboard, 51 × 45 cm
Sammlung | Collection Uecker
WV | CR Honisch 1983, Nr. | no. 3

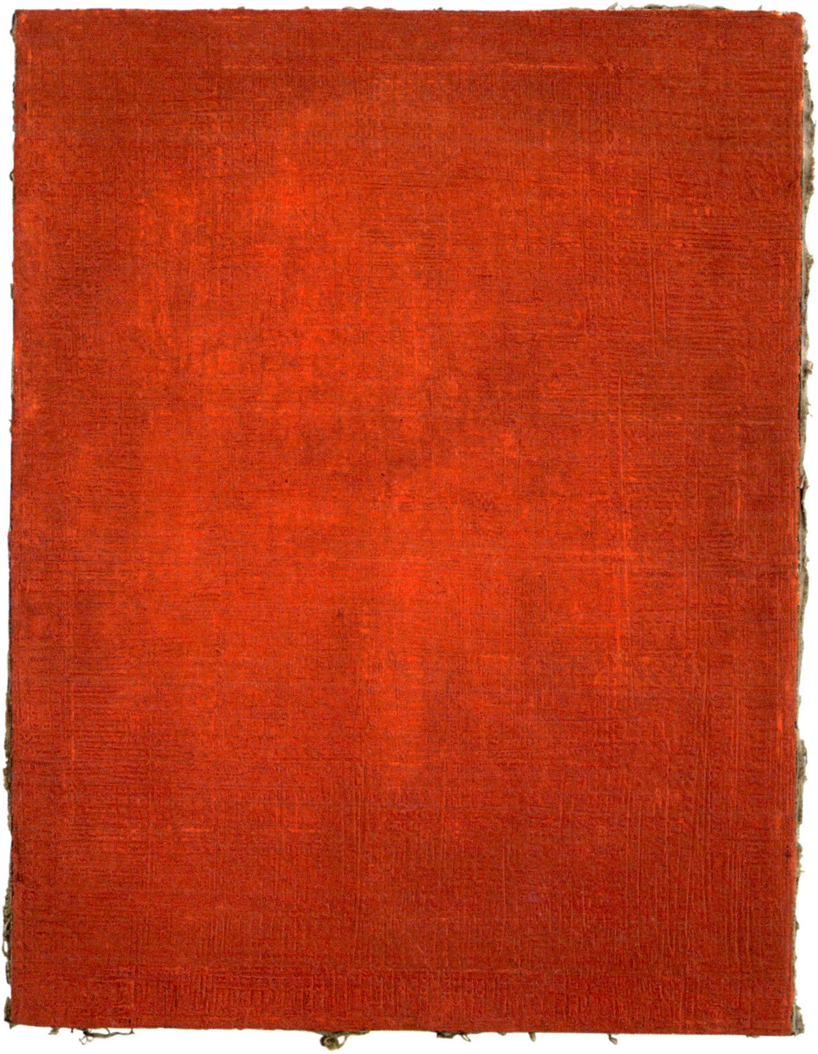

Abb. 7: Günther Uecker, *Rotes Bild*, 1958
Öl auf Leinwand | oil on canvas, 69,5 × 55 cm
Sammlung | collection Uecker
WV | CR Honisch 1983, Nr. | no. 64

Abb. 8: Günther Uecker, *Weiß Horizontal*, 1958
Öl auf Pappe | oil on cardboard, 51,5 × 45 cm
Sammlung | Collection Uecker
WV Honisch 1983, Nr. | no. 61

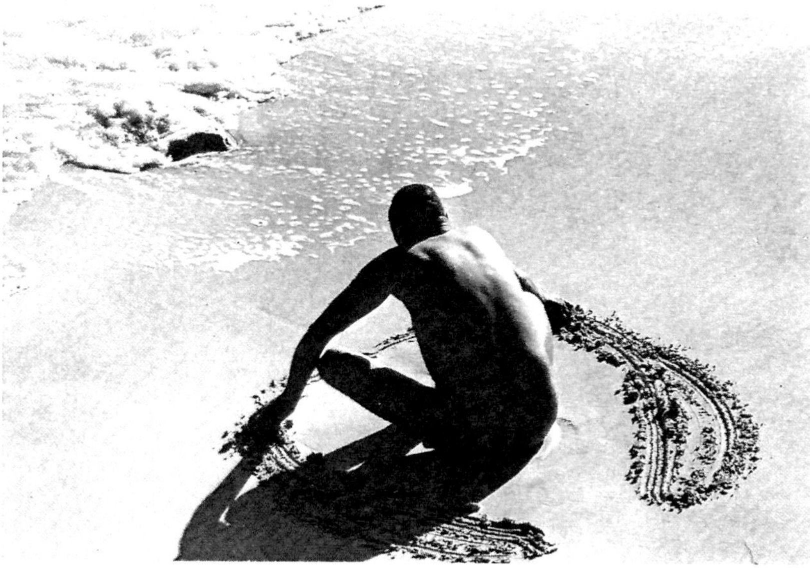

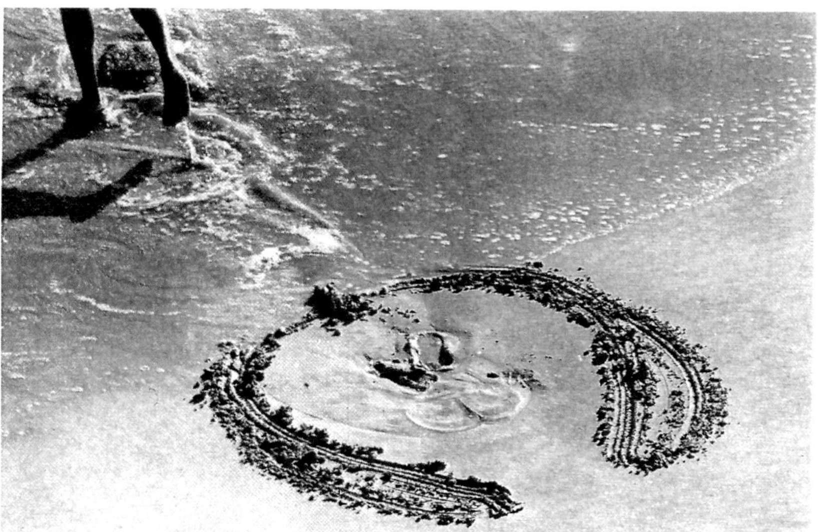

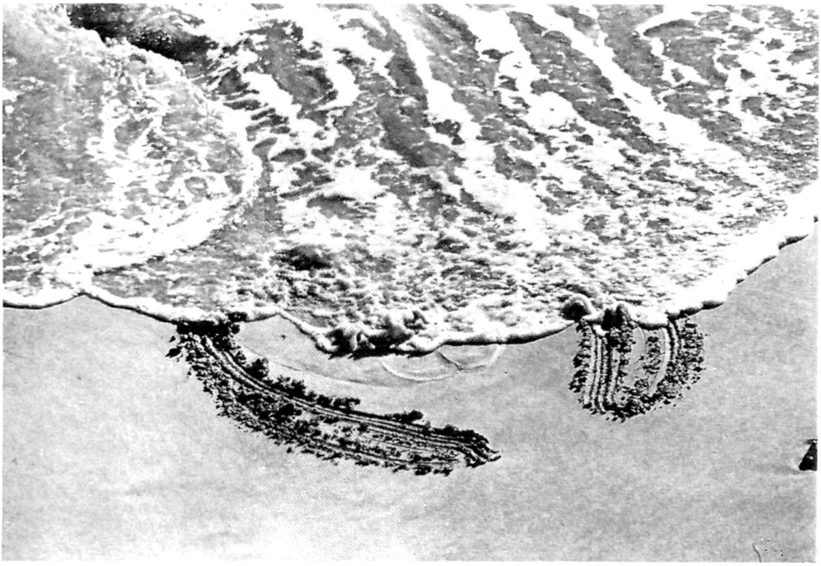

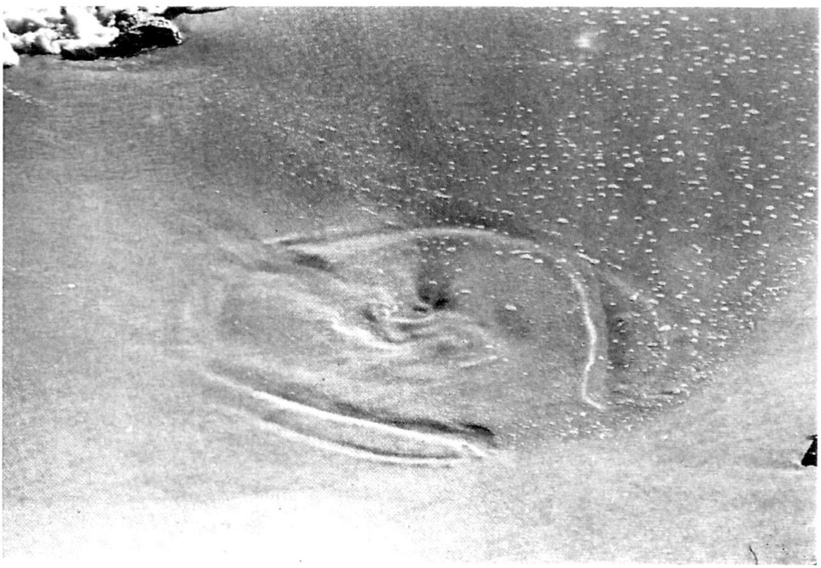

Abb. 9–12: Günther Uecker, *Spuren auslöschen*, 1974/1977
Libysche Wüste | Libyan Desert
Fotos | photos: Wilfried Kaute
WV | CR Honisch 1983, Nr. | no. 960; AV Salwig/Beuckers 2004, Nr. | no. 36

Abb. 13: Günther Uecker, *Vertikale Struktur Weiß*, 1958
Öl auf Leinwand | oil on canvas, 44,5 × 40 cm
Sammlung | Collection Uecker
WV | CR Honisch 1983, Nr. | no. 63

Abb. 14: Günther Uecker, *Schwarze Lunge*, 1957
Öl auf Pappe | oil on cardboard, 90 × 76 cm
Sammlung | Collection Uecker; WV | CR Honisch 1983, Nr. | no. 24

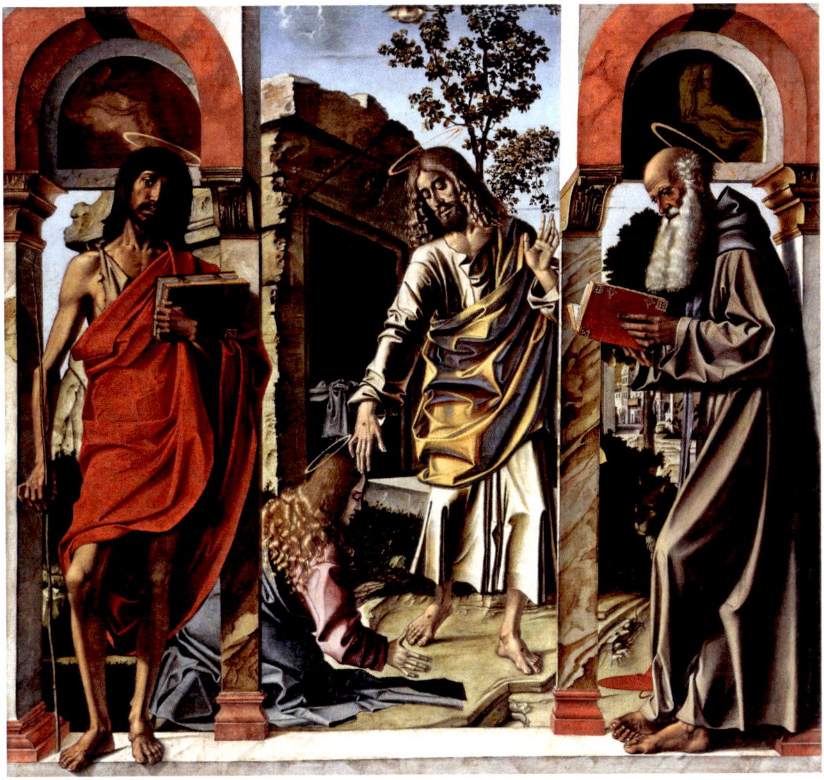

Abb. 15: Bartolomeo Montagna, *Noli me tangere*, ca. 1492
Öl auf Holz | oil on wood, 161,2 × 174,3 cm
Staatliche Museen zu Berlin, Gemäldegalerie

Nick Böhnke

The Withdrawn Touch: Structure, Temporality, and Haptics of Painterly Action in Günther Uecker's Early Structural Reliefs

In white paint, the traces of those fingers that once touched the paper and moistened it with paint spread across the photographic prints showing Günther Uecker as he creates *Entwicklung eines Werkes*, from the *Bildrituale* (*Creation of a Work – Image Ritual*, 1981, figs. 1–3).[1] Because the image shows everything, because everything in it is visible in the moment it is scanned by the viewer's gaze, the overpaintings alter the gaze into the image space of the photograph. At the same time, through the additive process of collage, the merging of the photograph and the paint applied to it conveys the dislocation of the divergent planes of space and time.[2] The term 'iconic present' describes this uniform yet differentiated tendency of an image as it is realized by the viewer.[3]

Rolf Schroeter photographed Uecker in a uniformly and brightly-lit studio, such that the prepared ground of the black covering on the painting's stretcher frame stands out clearly in the space. The painting ground, which lays on the floor, enters into a relation with Uecker's body: the span of his outstretched arms and the frame of the painter's body grant the upright rectangular image field its dimensions. The fram-

[1] The references and numbering of the structural reliefs follow the catalogue raisonné published in 1983: Dieter Honisch: *Uecker*, catalogue raisonné edited by Marion Haedeke, Stuttgart 1983 (hereafter abbreviated as CR Honisch 1983).
[2] Diane Waldman: *Collage, Assemblage, and the Found Object*, New York 1992, 244.
[3] Dirk Westerkamp: "Der dramatische Moment: Fünf Reflexionen über ikonische Prägnanz," in: *Zeitschrift für allgemeine Kunstwissenschaft*, Vol. 58, No. 1, 2013, 35–55, here 36f.

ing and structure of the photograph's image space are set in such a way that one seems to be viewing, from a short distance away and from a slightly elevated position, Uecker kneeling on the painting ground. With his upper body lowered towards the work, about to fully outstretch his arms, Ueckers hands, whitened from the paint, touch the picture ground. The painter touched the paint when he prepared it for painting and dipped his hands into it, and he touches it again as he applies it to the ground, which he also touches, leaving behind the visible gestures of his hands. In these, the presence of his entire body, as involved in the act of painting, can still be seen.[4]

Uecker sought out a collaboration with Schroeter in the knowledge that the appearance of the completed painterly action would vanish in the moment of its occurrence. The fact that the ephemeral artistic action has been rescued from such a disappearance is the result of the interaction between the photographer, actively viewing and located in direct physical proximity to the artist, and the painterly action, which fleetingly appears in the realm of the visible in a unique, irretrievable moment. This visible moment has been fixed in a visual-photographic constellation.[5] In the photograph, the execution of the painterly action has "grown into the image"[6] and, now in an altered state, what appeared only temporarily appears for a second time within this image and under its conditions.[7]

With the collage-like overpainting on the photographic prints, an element is introduced that mediates the touching of the painting ground of the image now emerging, which appears for the second time in the photograph, with the visible manifestations of the manual gestures that

[4] Cf. Mark Lammert in conversation with Jean-Luc Nancy: "Eine Art Illusion des Erreichens," in: Kristin Marek/Carolin Meister (eds.): *Berührung: Taktiles in Kunst und Theorie*, Paderborn 2022, 243–253, here 246f.
[5] Cf. Eva Schürmann: "Erscheinen als Ereignis: Zeittheoretische Überlegungen zur Fotografie," in: Emmanuel Alloa (ed.): *Erscheinung und Ereignis: Zur Zeitlichkeit des Bildes*, München 2013, 17–38, here 25.
[6] Heinz-Norbert Jocks: "Der Dialog mit dem Staub der Welt: Ein Gespräch mit Günther Uecker," in: *Kunstforum International*, No. 182, 2006, 184–203, here 193.
[7] Schürmann 2013 (as in fn. 5), 28.

are being offered for the first time in the overpaintings. As the physically and haptically realized space of doing contained in the painterly action spreads out *in actu* as a plexus of mobile elements connected to each other in the variability of time along the horizontal plane of the image ground, these elements solidify into the clarity of an image field at the moment when the overpainted photograph is positioned into the vertical plane of its being hung on a wall.[8] Like a 'force field,' the overpaintings bundle the dynamic-temporal indicators in which the potential for spatial movement (of action) is suspended.[9]

This potential reveals itself via the gestures. Between the image structures optimized by artistic means and the acts of reception triggered by them, specific effects unfold that situate the viewer in relation to the photographic collage.[10] The viewer interprets the overpaintings as traces of the opening of the artist's outstretched arms, which were gradually brought toward his body and bent until the hands came together along a midline. The viewer thus relates the traces, which become visible for the first time on the surface of the photographic print, to the already passed appearance of the painterly action, made visible for a second time in the photograph, as a process of the development of a work.

This is the special value of the additive principle of collage: it establishes a relationship between the time of viewing the image, the time

[8] Cf. Michel de Certeau: *The Practice of Everyday Life*, Steven Rendall (trans.), Berkeley 1984 (1980), 117f. Michel de Certeau distinguishes between places and the design of spaces that underpins them. While a space is constituted by the interrelation of directional vectors with the variability of time, that is, shaped by tactile perception and kinesthetic appropriation through singular actions that are almost incalculably diverse, a place is a momentary constellation of fixed points. If the temporary acts of doing something or passing through are marked by points, so that these, connected to each other by reversible lines, offer a bird's-eye-view mapping and overview of the juxtaposed places, only a remnant of the activity is still perceptible, one which is shifted into the timelessness of a projection surface.

[9] Gottfried Boehm: "Form und Zeit: Relationen zwischen Bild und Performance," in: Erika Fischer-Lichte/Kristiane Hasselmann (eds.): *Performing the Future: Die Zukunft der Performativitätsforschung*, München 2013, 241–252, here 246.

[10] Cf. Wolfgang Kemp: *Der Anteil des Betrachters: Rezeptionsästhetische Studien zur Malerei des 19. Jahrhunderts*, München 1983, 32.

of the image's content, and the time of its creation.[11] While the medium of photography usually seems to erase the insurmountable isolation of the absent through a process of calling it to mind, the additive principle of collage condenses the execution time of the painterly action, the time of the image's creation, to that decisive moment in which an optimum density of events can shine through.[12] The viewer is touched by the execution of a painterly action that is presented to him as one that exists in an irrevocably passed moment in time.[13]

Planar Inscriptions

Uecker's outstretched arms and painting hands extended out towards the ground both act to distance him from it. This distance and disruption—though in the present case not altogether too great—of a world as though cut off from itself took shape in the image surface of appearance.[14] The (optical) distance constitutes the seeing of both what and how the picture shows, which is why, according to Jean-Luc Nancy, it is essential for painting, as well as to the image in general, that it not be touched. In the moment of touching, the moment in painting when the touch detaches itself from the ground and withdraws its proximity to it, there is, in the visibility of the painted traces, a postponement of the

[11] Dirk Westerkamp: "Schriftbildakte: Begriff, Probleme, Beispiele," in: *Zeitschrift für allgemeine Kunstwissenschaft*, Vol. 63, No. 2, 2018, 285–301, here 289–292. Dirk Westerkamp proposes a triadic model of image relations to describe iconic relations, which relates the 'image appearance' (relationality of image carrier, image object, and image subject), the 'image view' (relationality of the senses of phenomenon, of meaning, and of essence), and the 'image time' (relationality of image viewing time, image content time, and image creation time).

[12] Dirk Westerkamp describes those visual works as iconically concise in which the whole of an action is gathered together in extreme condensation at the point of presence in the iconic current moment. Dirk Westerkamp: *Ikonische Prägnanz*, Paderborn 2015, 27.

[13] Cf. Bernhard Waldenfels: "Spiegel, Spur und Blick: Zur Genese des Bildes," in: Gottfried Boehm (ed.): *Homo Pictor* (= Colloquium Rauricum, Vol. 7), München/Leipzig 2001, 14–31, here 24f.

[14] Jean-Luc Nancy: "Painting in the Grotto," in: ibid.: *The Muses*, Peggy Kamuf (trans.), Stanford 1996 (1994), 69–81.

withdrawal of that touch.[15] The intensity of the withdrawal of what was once touchable, but is no longer so in the painting itself, remains.[16] Thus, there is here a similarity with those things that can be touched. There is no question that such things are not, despite the greatest of resemblances, themselves present in the image. Even in the earliest known paintings of hands, left by people in the form of negative imprints in the Cosquer cave, this aspect of withdrawal from the painting ground, and specifically that of the hand, is visible.[17]

By his own admission, Uecker also operates in the "insufficient sensual presence"[18] of touch and its retraction and withdrawal. He seeks to hold the "at first invisibly touched" surface grounds of his images in a state of visibility in order to realize "a bounded field of human proportion, a field of action" within painting.[19] Painting, for him, consists in 'painterly action.' This is the reason why S. D. Sauerbier rejects the ″washed-out and inflationary″ use of the term 'performance' to describe this actionist process of painting: it obscures the field of tension that exists between the monochrome, horizontally-oriented painting and painterly action as an execution of a work.[20]

The painterly action becomes such when inscriptions made into a surface are preceded by markings and differentiations in color of its painted (upper) surface. The surface of the painting, which manifests

[15] Jean-Luc Nancy: *Noli me tangere: On the Raising of the Body*, Sarah Clift, Pascale-Anne Brault, and Michael Naas (trans.), New York 2008 (2003), 51f.

[16] Jean-Luc Nancy: "The Image – The Distinct," in: ibid.: *The Ground of the Image*, Jeff Fort (trans.), New York 2005, 1–14, here 9f.

[17] Already here, in prehistoric cave paintings, Jean-Luc Nancy finds the "form of an impossible or abandoned grasp," because the hand pressed against the flat wall reaches for nothing. This is regarded as the earliest evidence that the hand is not functionally conceived as a grasping hand. Consequently, these hands offer nothing more than the gesture of offering itself. Nancy 1996 (1994) (as in fn. 14), 72.

[18] "'Mein Scheitern ist meine Kunst': Ein Gespräch zwischen Günther Uecker und Dieter Honisch am 27. März 1993," in: *Der geschundene Mensch: 14 befriedete Gerätschaften*, exh. cat., Institut für Auslandsbeziehungen, Ostfildern-Ruit 1993, 12–52, here 23.

[19] Ibid.

[20] S. D. Sauerbier: "On Activeness: Aspects of Objects, Events, and Situations," in: *Günther Uecker: Porträt Mensch*, Festschrift des Staatlichen Museums Schwerin, Wien 2016, 282–294, here 282.

itself through coloration, thus rises up from the ground and detaches itself from it.[21] This is why Uecker's acts of nailing are preceded by the painterly act of applying coloration to a surface, the latter act constituting the image field as such. It underpins every subsequent inscription as a haptic "'hand-ling' in the true sense of the word," one which takes place as a gesture in time.[22] In 17th century Dutch painting, the term *'Handeling'* was already in use to refer to the direct and active involvement of the hand and its motor skills in the painterly formal act.[23] The actions of the hand result in stable markings in which the succession of movements performed has coagulated into the clarity of a simultaneously viewable, unified image field.

Rising diagonally from the two lower corners into the center of the image field, the temporality of painterly action is now crystallized in parallel structures. In their stabilized state of visibility, the overpaintings function as structural, orientation-creating markings within the image field. They are the condition for the viewer to be able to realize the execution of the painterly action without its being depicted. What is essential here

[21] Ludger Schwarte: "Negation durch Farbe – ein Versuch über die Kulturtechnik Malen," in: Meret Kupczyk/ibid./Charlotte Warsen (eds.): *Kulturtechnik Malen: Die Welt aus Farbe erschaffen*, Paderborn 2019, 21–45, here 26. Walter Benjamin already noted that the painterly image "has no background. Nor is one color ever superimposed on another, but at most appears in the medium of another color." Walter Benjamin: "Painting, or Signs and Marks," Rodney Livingstone (trans.), (1917), in: Marcus Bullock and Michael W. Jennings (eds.), *Walter Benjamin: Selected Writings*, Vol.1 (1913–1926), Cambridge 1996, 83–86, here 85.

[22] Sybille Krämer: *Figuration, Anschauung, Erkenntnis: Grundlinien einer Diagrammatologie*, Berlin 2016, 95. Bernhard Holeczek also points to the work of the hands, this practical side of Uecker's painterly "handiwork." Bernhard Holeczek: "Formalist oder Mystiker? Handlung und Sinn-Bild im Werk Günther Ueckers," in: *Uecker in Schwerin*, exh. cat., Staatliches Museum Schwerin – Kunstsammlungen, Schlösser und Gärten/ Mecklenburgisches Staatstheater, Hamburg 1992, 14–19, here 19.

[23] The Dutch term *'Handeling'* refers to a process that does not set haptic against optical, nor near against far, but rather produces images that can be understood as whole-body actions. In this anti-Platonic understanding (idea concept), the painter's hand is assigned a thinking function. Provided that virtuosity is present, the hand acts as a kind of 'extension of the mind.' Yannis Hadjinicolaou: "Malen, Kratzen, Modellieren: Arent de Gelders Farbauftrag zwischen Innovation und Tradition," in: Markus Rath/ Jörg Trempler/Iris Wenderholm (eds.): *Das haptische Bild: Körperhafte Bilderfahrung in der frühen Neuzeit* (= Actus et Imago. Berliner Schriften für Bildaktforschung und Verkörperungsphilosophie, Vol. 7), Berlin 2013, 227–252, here 230f. and 247f.

is that the overpaintings affect the time of the observation of the image. On the one hand, they obscure a viewing of the photograph; on the other, however, the time taken to complete the necessarily successive optical scanning of the picture field has a decisive effect. The viewer perceives the time of optical scanning as the now seemingly visible execution of the painterly action.[24] The time it takes to create the image and the time it takes to look at it seem to converge.

Work of Art and 'Aesthetic Object'

Although they may seem anachronistic with regard to the subject of this text, the considerations made up to this point have prepared the basis for an approach to haptics in Uecker's painterly activity in general and in the work complex of structural reliefs created between 1956 and 1958 in particular. For with the structural, orientation-giving markings of the image field—this serial sequence acting as such—their viewer is thereby assigned the function of realizing these very structures.

This viewer, described by Wolfgang Kemp, in a reference to Wolfgang Iser,[25] as 'implicit,' embodies, according to Kemp, "the totality of the pre-orientations that a work offers its potential viewers as conditions for reception. Consequently, the implicit viewer is not anchored in an empirical substrate, but, rather, in the structure of the work itself."[26] In this concept of an implicit viewer, the effective structures within the image are treated as potentials by means of which the recipient is

[24] Cf. Günter Figal: "Bewegung und Zeit im Bild: Philosophische Bildreflexion im Bezug auf Friedrich, Magritte, Turner, und Twombly," in: Thomas Kisser (ed.): *Bild und Zeit: Temporalität in Kunst und Kunsttheorie seit 1800*, München 2011, 341–351, here 350f.

[25] Using fictional literary texts as a subject of study, Wolfgang Iser pointed to the immanent structure of every text, which embodies the 'implicit reader' as a mode of being a 'reader,' and not as a typology of possible readers, and thus characterizes the act of reading. Wolfgang Iser: *Der Akt des Lesen: Theorie ästhetischer Wirkung*, München 1976, 60; Wolfgang Iser: *Der implizite Leser: Kommunikationsformen des Romans von Bunyan bis Beckett*, München 1972, 8f.

[26] Kemp 1983 (as in fn. 10), 32.

situated in a relation to the image and connected to it through the acts of perception it triggers.[27] Sensorially involved in the image structure presented to him, the viewer scans the image surface with his gaze and realizes the haptic potential of the structural reliefs, so that in the process of reception it becomes possible to experience haptically without touching the images. This experience, as the revealed significance of the structural reliefs, will be emphasized in the following, while other aspects inevitably recede into the background.

In my reflections on the structure, temporality, and haptics of Uecker's painterly action, I refrain from entering into questions of gender, origin, class, age, etc. in any detail. Whenever the generic masculine is used here to refer to the 'viewer,' this is done with reference to the concept of the 'implicit viewer' introduced by Kemp into the aesthetics of reception in art and visual studies research, although such exclusive use of the masculine form unquestionably threatens to obscure the fluidity of individual viewer identities. Irrespective of the fact that 'the (male) viewer' as a methodological term in the academic discourse of reception aesthetics has been established and has not yet been updated to reflect recent advancements in the language used to refer to gender, the fundamental importance of linguistic inclusion also applies to this instance of reception aesthetics, the scientifically sound updating of which is, however, not feasible at this point. In view of my research interest in this text—the experience of the haptic element in Uecker's structural reliefs—it seems justifiable to leave the instance of its 'viewer'—the presumption of an aesthetic situation and a certain intimacy with the doubts concerning the status of the image, which were expressed more and more radically in the course of second modernity, are necessary prerequisites for reception—largely without any further specification. If the potentially infinite horizon of a given viewer's status and situated-

[27] Ibid.; see also: Wolfgang Kemp: "Kunstwissenschaft und Rezeptionsästhetik" (1985), in: ibid. (ed.): *Der Betrachter ist im Bild: Kunstwissenschaft und Rezeptionsästhetik*, Berlin 1992, 7–27; Wolfgang Kemp: *Der explizite Betrachter: Zur Rezeption zeitgenössischer Kunst*, Konstanz 2015, 22f.

ness is not to be narrowed, I cannot avoid excluding this aspect from the following considerations in order to concentrate on the object of investigation, that of the 'aesthetic object.'

The aesthetics of reception often tacitly presupposes the basic distinction between the artwork and the 'aesthetic object.' However, as Johannes Grave points out, the work of art continues as a thing independently of individual acts of perception, whereas the aesthetic object is constituted solely in the act of reception and with the productive participation of a receptive subject. Closely linked to the given work of art, the aesthetic object is not identical to it.[28] It can only be experienced aesthetically[29] and this experience[30]—a process that itself takes place in time—opens up a world of its own, one which is characterized by an inexhaustible wealth of potentialities. In contrast, the recipient is only able to realize some of these, while many others must, temporarily at least, remain unconsidered.[31] The focus is particularly on the viewer's realization of the potentiality contained by the structures of effect. In the act of realizing this potentiality, he may realize Uecker's execution of the painterly actions as being one with their haptics. And he may even be able to feel them on his own body.[32]

[28] Johannes Grave: "Werk und Wirkung – Bild und *agency*: Zur Aktualität der phänomenologischen Unterscheidung zwischen Kunstwerk und ästhetischem Objekt," in: *Zeitschrift für allgemeine Kunstwissenschaft*, Vol. 65, No. 1, 2020, 87–102, here 96.

[29] Ibid., 97.

[30] According to Wolfgang Iser, the realization of a fictional literary text is not only essentially based on experience; in the process of realizing the aesthetic object of a 'text,' something always occurs experientially. Wolfgang Iser: *Die Appellstruktur der Texte: Unbestimmtheit als Wirkungsbedingung literarischer Prosa* (= Konstanzer Universitätsreden, Vol. 28), Konstanz 1970, 12.

[31] Grave 2020 (as in fn. 28), 97.

[32] Cf. John M. Krois: "Bildkörper und Körperschema" (2011), in: Horst Bredekamp/Marion Lauschke (eds.): John M. Krois: *Bildkörper und Körperschema - Schriften zur Verkörperungstheorie ikonischer Formen* (= Actus et Imago. Berliner Schriften für Bildaktforschung und Verkörperungsphilosophie, Vol. 2), Berlin 2011, 252–271, here S. 266; Cf. John M. Krois: "Tastbilder: Zur Verkörperungstheorie ikonischer Formen" (2010), in: Horst Bredekamp/Marion Lauschke (eds.): *John M. Krois: Bildkörper und Körperschema - Schriften zur Verkörperungstheorie ikonischer Formen* (= Actus et Imago. Berliner Schriften für Bildaktforschung und Verkörperungsphilosophie, Vol. 2), Berlin 2011, 210–231, here 218f.

Here we touch upon the question of 'agency' or effective power of the image, a question that will become all the more urgent in the course of the further reflections presented here, as the "extreme sensuality of painting that overrides the eye," as Dieter Honisch describes it, is of immense importance for understanding Uecker's oeuvre.[33] According to Grave, it is not the painting in its material-haptic presence, but, rather, the aesthetic object constituted in the reception of the painting that is to be regarded as that to which such genuinely temporal qualities as 'power' and changeability can be attributed. What is thus referred to as the agency of the image in fact only arises in the interaction between the image and its viewer.[34] The interactive situation of an encounter with Uecker's structural reliefs is an affective one.[35] Withdrawn from touch and given to sight alone, the structural reliefs affect the gaze.

Only recently, the Städel Museum in Frankfurt and the Hamburger Kunsthalle presented an exhibition on the significance of the relief, primarily in 19th and 20th century art, which, in the selection of pieces, raised the question of whether seeing itself is tactile, i.e. whether visual perception corresponds to a form of touch. To what extent are human sensory experience, as something trained in reality, and the perception of art—especially in the context of contemporary, often media-based art—connected? In what way does one 'grasp' through pure seeing in a manner analogous to physical touch?[36] The visual arts generate images—painting and relief are just two of their many forms—which, in their image structures, each optimized in a very specific way through artistic means, bring together the potential to seemingly annul the distance of untouchability in the act of reception. Because the visible, as Maurice Merleau-Ponty states, "belongs to the touch neither more nor less than

[33] Honisch 1983 (as in fn. 1), 18.
[34] Grave 2020 (as in fn. 28), 100.
[35] Cf. Ibid.
[36] Alexander Eiling/Eva Mongi-Vollmer/Karin Schick: "Das Relief: Eine Einführung in das Thema und die Ausstellung," in: ibid. (eds.): *Herausragend! Das Relief von Rodin bis Picasso*, exh. cat., Städel Museum, Frankfurt a. M./Hamburger Kunsthalle, München 2023, 16–31, here 17f.

do the 'tactile qualities,'"[37] the nearness of touch in the act of painting may have given way to the distanced seeing of the structural reliefs, but the distinct appearance of the structures realizes the retreat into the distance of visibility and the accompanying untouchability of an image that still bears witness to the closeness of touch. Because he refers to them in the act of their creation, an affective involvement arises between the viewer and the reliefs as one, if not the essential, intentional meaning inherent in Uecker's structural reliefs.[38]

I Acting in Color

According to Honisch, Uecker's oeuvre shows a unique, concentrically expanding circle around the concept, established as early as 1956, of imprinting a kind of body language into his images.[39] The impressions of the painting hands or of the body are just as much signs of action as the hammered nails, testifying to a physically exhausting effort, to a stamina, and to the precise planning of a process that produces the formally sufficient structures of serial rows. The aspect of the aesthetic quality of the nail's form comes to the fore.[40] The nail, "with which he [Uecker]

[37] Maurice Merleau-Ponty: *The Visible and the Invisible, followed by working notes*, Claude Lefort (ed.), Alphonso Lingis (trans.), Evanston 1968 (1964), 134.

[38] Cf. Iser 1970 (as in fn. 30), 33.

[39] Dieter Honisch: "Günther Uecker – eine Retrospektive," in: *Günther Uecker – eine Retrospektive*, exh. cat., Kunsthalle der Hypo-Kulturstiftung, München 1993, 9–56, here 16.

[40] Precisely because the nail is present as a visual element in all phases of the development of Uecker's oeuvre, Christine Korte-Beuckers differentiates between the type and function of each specific application of the nail. She distinguishes between (1) the primarily painterly use of the nail to create a structure, (2) its use as a sign based on its intrinsic aesthetic value as an everyday object, (3) the use of the symbol, which tends to contradict its intrinsic aesthetic value, to convey universal themes such as destruction and pain, and (4) the acts of symbolic appropriation and personal identification that led to the nail's becoming Uecker's signature artistic object. Christine Korte-Beuckers: "Vom Arbeitsmaterial zum Zeichen und Symbol: Aspekte der Verwendung des Nagels im Werk von Günther Uecker," in: Klaus Gereon Beuckers (ed.): *Zero-Studien: Aufsätze zur Düsseldorfer Gruppe Zero und ihrem Umkreis* (= Karlsruher Schriften zur Kunstgeschichte, Vol. 2), Münster 1997, 113–133.

is first and foremost associated today,"[41] first functioned in the 1957 informal structure *Ohne Titel (Untitled*, 1957)[42] as a means of expanding those of painterly expression, as a structural element that could spatialize and concretize the image.[43] After the still strictly painterly attempts of the two *Fingermalereien (Finger Paintings*), which are both characterized by the direct haptic access through a "pasting and churning up of the picture surface,"[44] the *Dreckbild (Dirt Painting*, 1956, fig. 4) appeared in the same year. The painting fingers were modified and extended by the nail. With it, Uecker traced slender grooves into the still damp paint material. The primary colors, which he had already used in his first *Fingermalerei*, are blended here into a monochrome brownish earth tone.

Between 1956 and 1958, Uecker pursued a haptic approach to color. The resulting *Strukturbilder (Structure Paintings*) oscillate between the optical and the haptic, between the media of painting and sculpture. They are hybrids, affecting both the sense of sight and the sense of touch, and act to mediate pure seeing with touch. Accordingly, Uecker's *Strukturbilder* can be assigned to the medium of relief:[45] they are 'structural reliefs.'

Structure is an 'aesthetic principle.' For only when, according to Max Bill, individual expression and personal invention are subordinated to the organizing principle of a structure does the organizing principle itself refer to these new underlying laws, which in turn open up formal possibilities that can be characterized by generally shared aesthetic principles.[46] The *Dreckbild*, then, shows a relatively small-format, more

[41] Honisch 1993 (as in fn. 49), 16.

[42] Günther Uecker, *Ohne Titel*, 1957, nails, oil paint (finger painting) on wood, grey, 64 × 75 cm; CR Honisch 1983, No. 18.

[43] Honisch 1993 (as in fn. 39), 20.

[44] Dieter Honisch: "Zwanzig Kapitel," in: Alexander Tolnay (ed.): *Günther Uecker: Zwanzig Kapitel*, exh. cat., Neuer Berliner Kunstverein im Martin-Gropius-Bau/Neue Nationalgalerie, Ostfildern-Ruit 2005, 32–176, here 34.

[45] Cf. Edouard P. Derom/Eric R. Kandel: "Günther Uecker and the Search for a New Bridge between Painting and Sculpture," in: *Uecker*, exh. cat., Kunstsammlung Nordrhein-Westfalen, K20, Berlin 2015.

[46] Max Bill: "struktur als kunst? kunst als struktur?," in: Gyorgy Kepes (ed.): *Struktur in Kunst und Wissenschaft* (= Reihe sehen + werten), Brüssel 1967 (1965), 150–151, here 150.

or less regular grid structure that is related to the dimensions of the ground. The optical impression of relief is especially striking in those areas of the work where the paint has been applied with particular thickness and the grooves recede from the surface deeper into the ground. Invited by Bill for the 1960 exhibition "konkrete kunst: 50 jahre entwicklung" at the Helmhaus in Zurich,[47] Uecker had already introduced such structures into his paintings as an aesthetic principle, as a logical form of internal visual relationships that would enable the viewer to experience a sense of rhythm. In the haptic gestures of inscribing, the structural reliefs emerged as configurations of perceivable concretizations of abstract ideas and laws. The image field could be at once real surface and ideal plane, concrete inscription and abstract situation.[48] Hans Strelow has also described Uecker as an innovator of communicative means: the aesthetic objects he invented no longer gained their significance through receptive viewing alone. Rather, art should "realize itself in and with the acting and meditating viewer as a living act."[49] The structural reliefs reveal a structurally and spatially formed contrast between the zones of raised paint material and the intermediate spaces that tend to recede into the ground of the painting. Perceiving this contrast requires the viewer to be mobile, to approach the pictures and then to step back again; in short, to become physically involved in order to haptically sense the structural reliefs with the eyes.[50]

[47] *konkrete kunst. 50 jahre entwicklung*, exh. cat., Helmhaus, Zürich 1960. Uecker was represented in the exhibition with *Objekt Weiß* (*White Object*, 1959), cat. no. 148 (in CR Honisch 1983, No. 77: *Symmetrische Struktur*, 1958, nails on canvas on wood, 85 × 85 cm).

[48] Sybille Krämer: "Diagrammatische Inskriptionen: Über ein Handwerk des Geistes," in: Horst Bredekamp/John M. Krois (eds.): *Sehen und Handeln* (= Actus et Imago. Berliner Schriften für Bildaktforschung und Verkörperungsphilosophie, Vol. 1), Berlin 2011, 225–237, here 227; see also: Max Bill: "die mathematische denkweise in der kunst unserer zeit" (1949), in: Eduard Hüttinger (ed.): *Max Bill*, Zürich 1977, 105–116, here 112; Max Bill: "konkrete kunst" (1936), in: Eduard Hüttinger (ed.): *Max Bill*, Zürich 1977, 61–67, here 61.

[49] Hans Strelow: "Günther Uecker," in: Hermann Reusch et al. (eds.): *Junge Künstler 65/66. 5 Monographien deutscher Künstler der Gegenwart*, Köln 1965, 53–62, here 55f.

[50] Cf. Volkmar Mühleis: "Zwischenleiblichkeit in der plastischen Erfahrung und Arbeit," in: Kristin Marek/Carolin Meister (eds.): *Berührung: Taktiles in Kunst und Theorie*, Paderborn 2022, 151–162, here 153f.

In the two early *Fingermalereien* (1956), the successional execution of the painterly action crystallized into a simultaneously viewable configuration of the atomization of the image field. In painterly action as a 'modulating acting in paint,' an 'act of coloring,'[51] there emerged a distinct field of action and a distinct zone of perception. The unmistakable materiality of the paint—its specific viscosity and pigmentation—is essential for the emergence of the visual configuration. Each of the two almost square painting grounds, whose fields have no recognizable proportions, are literally smeared with pastose layers of oil paint, their paint material ransacked by the fingers. Coagulated and settled into layers, the paint material is spread evenly over the entire image field. In his first *Fingermalerei* (fig. 5), Uecker used only the three primary colors of red, yellow, and blue, with the blue appearing in its pure form in only a few places in the upper part of the work, while in large parts of the image field it serves to cloud the color values of the more dominant colors red and yellow, appearing more as a tinted gray. Just as he did not decide on a definitive format, Uecker also shows an only vague inclination to concentrate the red in the center of the work in the 'unistic' configuration of raised patches of paint that structure the surface of the image in a continuous and even manner.[52] The incidence of yellow, as well as more clouded patches of paint, tends to be shifted to the peripheral areas of the work.

This apparent vagueness is deliberate. For it takes a back seat to the experimentation with the duplicity of color. Through the manner in which it appears, the coloration of paint becomes dependent: on light and the radiance thereof, on the material of the paint itself and its mixing ratios, and, last but not least, on the eye and its optical and physical conditions. The pigmentation of the paint and its specific mixing ratios,

[51] Ludger Schwarte: "Epistemologien des Färbens," in: *figurationen: gender – literatur – kultur*, Vol. 17, No. 1, 2016, 39–52, here 44.

[52] Dieter Honisch: "Zum Strukturbegriff von Günther Uecker" (1974), in: ibid.: *Texte: Mit einem Gruß von Günther Uecker*, Stuttgart 1992, 501–510, here 505.

as they are present in the—albeit here also 'unistic'—coloristic form,[53] are characterized by the *dynamis* of the paint, its becoming-possible, while light is characterized by the *energeia*, the energy of the paint that leads to its own actualization. The coloring plays a part in both of these aspects. Many languages take into account this doubling: in Greek, a distinction is made between *'mpogia'* and *'chroma,'* in Latin between *'pigmentum'* and *'color,'* in French between *'peinture'* and *'couleur,'* and in English between *'paint'* and *'color.'* In German, on the other hand, the word *'Farbe'* denotes both the material itself and the immaterial appearance of color.[54]

In making a theoretical approach to the black monochrome *Fingermalerei* (fig. 6), the preliminary differentiation and subsequent reunification of both abovementioned aspects proves to be illuminating. Without any hierarchical internal differentiation,[55] the haptics that clearly emerge in the highlights structure the picture field. The viscosity of the paint influenced decisively the way in which Uecker physically worked it into formations and how the chemical reactions of its ingredients finally hardened it into a turbulent, high-gloss surface structure that could bring to the eye the presence of the act of painting.[56] As a

[53] Erich von der Bercken introduced the concept of an 'image value,' which describes the coherent color arrangement of the painting surface by juxtaposing and contrasting certain colors. Erich von der Bercken: "Über einige Grundprobleme der Geschichte des Kolorismus in der Malerei," in: *Münchner Jahrbuch der Bildenden Kunst*, No. 5, 1928, 311–326, here 321. Subsequently, Ernst Strauss made a categorical distinction between the existential mode of the pure paint matter of the palette and that of the paint matter as it is absorbed into a coloring that forms the image surface and becomes aesthetically effective. Ernst Strauss: "Zur Wesensbestimmung der Bildfarbe," in: ibid.: *Koloritgeschichtliche Untersuchungen zur Malerei seit Giotto* (= Kunstwissenschaftliche Studien, Vol. 47), Berlin/München 1972, 9–24, here 10f.

[54] Dieter Mersch: "Malen als Alchimie: Der transitorische Prozess ästhetischer Arbeit," in: Meret Kupczyk/Ludger Schwarte/Charlotte Warsen (eds.): *Kulturtechnik Malen: Die Welt aus Farbe erschaffen*, Paderborn 2019, 103–116, here 112f.

[55] In contrast to Frank Stella's *Black Paintings*, in which the internal structure of the image coincides with the structural laws of the work, Dieter Honisch points out that Uecker's internal structures are based on the image field. The image or the structure presented in the image retain a referential character. It thus has greater significance than it could achieve on its own. Honisch 1992 (1974) (as in fn. 52), 505–507.

[56] Cf. Mersch 2019 (as in fn. 54), 114f.

counterpoint to the German Tachists, who, according to John Anthony Thwaites, "translated a rainbow of color into the consistency of dog vomit," the generation after Nicolas de Staël (1914–1955) and Pierre Soulages (1919–2022) developed a painting from weightless forms full of rhythm and light.[57] When it meets the haptic surface textures of the *Fingermalerei*, the light is not swallowed up by the chromatically a-chromatic black. Instead, it is ensnared in the furrows, bulges, and valleys that wind in ever new directions, all of which Uecker's fingers dug into the paint material. Between them, the light is thrown rhythmically back and forth and, in this movement, affects the retinas of those scanning the image with their gaze.

In *Rotes Bild* (*Red Painting*, 1958, fig. 7), which Uecker showed at the invitation of Heinz Mack and Otto Piene for the 7th evening exhibition "Das Rote Bild,"[58] the chromatically modulated visual surface also appears to detach itself from the painting ground.[59] Along the what are now defined proportions of its vertical format, the paint layer is made rhythmic by linear incisions that run, partially clustered and intercrossing, parallel to the vertical and horizontal axes of the work. Similar to the process of frottage, which Uecker had used previously in a series of *Strukturen*,[60] the painting ground here was presumably painted over in black in a first step and white in a second, in order to, finally, scarify these layers and thus expose the underlying black. The haptic action

[57] John Anthony Thwaites: "Wohin geht die Farbe?" (1958), in: Dirk Pörschmann/Mattijs Visser (eds.): *4 3 2 1 ZERO*, Düsseldorf 2012 [reprint of *ZERO*, Vol. 1, 1958], 7–8.

[58] Thekla Zell: *Exposition Zero: Vom Atelier in die Avantgardegalerie - Zur Konstituierung und Etablierung der Zero-Bewegung in Deutschland am Beispiel der Abendausstellungen, der Galerie Schmela, des studio f, der Galerie nota und der d(ato) Galerie*, Wien 2019, 105. When Alfred Schmela opened his gallery on Hunsrückenstraße on May 31, 1957 with the exhibition *Yves Propositions monochromes*, a lively exchange unfolded between Yves Klein, Heinz Mack, and Otto Piene, as was clearly reflected in the preparations for the publication of *ZERO 1* and the *7th evening exhibition 'Das rote Bild,'* organized by Mack and Piene, which opened on April 24, 1958. Taking as an example the primary color red, the phenomenon of an apparent spatial extension of color and the expansion of the monochrome space of the image thus accomplished was thoroughly examined by 45 invited artists, each of whom submitted a work. Ibid., 159, 164.

[59] Schwarte 2019 (as in fn. 21), 26.

[60] Günther Uecker, *Strukturen*, 1957, 23 drawings; CR HONISCH 1983, No. 33–55.

crystallized in a network of markings that relate to the extension of the image field and which are clustered into configurations, before a final, semi-transparent coat of red paint was applied. The paint ran partly into the carved-out channels and partly remained on the intervening fields that Uecker had left untouched. Where the red ran into the channels, it appears to the eye as cloudy. The colored light is swallowed up by the darkness; the *energeia* of the color is diminished. However, if the red was deposited on the areas of the white paint layer that were left untouched, the white in turn conveys its *dynamis*. The light substantiates zones of all the more brightly radiant red.

II The Haptics of the Structural Reliefs

Just as the physical, worked-through quality of the impasto paint material is related to the immaterial, visual manifestation of the paint brought about by the light, so the reaching out of the artist's hands to touch the painting ground is also related to the withdrawal into a distanced visuality. It is essential that Uecker, in his withdrawal from a haptic proximity, did not touch the optical phenomenon of the painting. Rather, he touched the material of the painting. He touched the painting ground and the paint matter applied to it (as a 'physical image'). By means of the painterly action, into which touch ultimately withdraws, the painting becomes such a thing. It is only as a result of this withdrawal that the painting (the 'physical image') placed before the eye is perceived as an image that depicts (as an 'image object'), so that the thing depicted (as its 'image subject') can be realized in this depicting image.[61]

The artistic process of production, the painterly act of slathering the ground with paint before churning its material with the fingers, is a distinct creative formation that calls for a mode of reception other than

[61] On the triad of *'physical image,' 'image object,'* and *'image subject,'* see Edmund Husserl: *Phantasy, Image Consciousness, and Memory* (1898–1925), Collected Works, Vol. XI, Rudolf Bernet (ed.), John B. Brough (trans.), Dordrecht 2005 (1980), 21.

that of the merely visual. With Uecker's structures, those conditions of realization are used that call for a "haptic seeing,"[62] a seeing that Gilles Deleuze finds founded in the four separate aspects of the "values of the hand": the 'digital,' the 'tactile,' the 'manual,' and the 'haptic.'[63] The digital is characterized by the fact that vision takes place internally, where it already develops an 'ideal' optical space whose forms are defined according to an optical code—such as that of one-point perspective. As a result, the hand is reduced to the fingers that intervene in painting. They have only to find the corresponding units for those purely optical forms that are suitable to inner vision. But at least in its beginnings, this ideal optical space still has the tactile referents of depth, contour, and modulation. If the "relaxed subordination of the hand to the eye" gives way to a "veritable insubordination of the hand,"[64] the image remains an optical reality, but the phenomena of formless space and restless movement impose themselves on the gaze. Only with difficulty can they be followed. Deleuze calls these relationships that dissolve the optical, these inverted relationships, the manual. The haptic is ultimately characterized neither by a strict nor loose subordination or virtual connection. In the haptic, the gaze discovers in itself a tactile function proper to it. It belongs only to it and is distinct from its optical function.[65] The structural reliefs are thus ideally approached with a tactile gaze.

As the gaze scans the highly rectangular, almost square image field of the monochrome *Weiß Horizontal* (*White Horizontal*, 1958, fig. 8), it moves across its serial structure, which relates to the verticality of the image field and, meeting the relatively regular intervals along the horizontal, renders it rhythmic. It would appear that the white paint

[62] Wilhelm Roskamm: "Das haptische Sehen in der bildenden Kunst: Annäherungen mit Alois Riegl und Gilles Deleuze," in: Kristin Marek/Carolin Meister (eds.): *Berührung: Taktiles in Kunst und Theorie*, Paderborn 2022, 93–131, here 103.

[63] Gilles Deleuze: *Francis Bacon - The Logic of Sensation*, Daniel W. Smith (trans.), London/New York 2003 (1981), 154.

[64] Ibid.

[65] Ibid.

has been applied in narrow strips, starting at the lower edge of the image field, and after each application has been drawn downwards with something like a squeegee. This is why the vertical staggering shows the overlapping of the previous layers of paint with their regularly applied layers. In between, fine, horizontal channels form. If the incident light passes over the slightly shifting relief, the white appears brightest at the raised edges, even as it reveals slight modulations within the channels before sinking into shadows behind the edges of the stripped-away paint material.

As I have already suggested in the description of the phenomenon of the light, in its unity the image field of the structural relief shows an "invariable formal structure of wholeness."[66] It is characterized as a non-substitutable visual offering.[67] The optical—and only optically experienced—impact refers to the controlled, painterly-haptic work process that determines the visible appearance in light. As a material, 'physical image' hung on a wall, the structural relief *Weiß Horizontal* has a material exterior that extends more or less deeply into the light space shared by the viewer. Within this same illuminated space, the viewer's body, moving about in proximity to the relief, casts its shadow, just as the elevations and depressions of the relief 'body' cast their shadows on the illumined, slightly three-dimensional structure of the relief. When Merleau-Ponty pointed out that the moving body, which travels through space while looking, is itself part of the visible world, that it is a part of it and, therefore, aligned with the visible, and, conversely, that seeing

[66] Max Imdahl: "Kontingenz – Komposition – Providenz: Zur Anschauung eines Bildes von Giotto" (1980), in: *Max Imdahl: Gesammelte Schriften*, Vol. 3: *Reflexion – Theorie – Methode*, Frankfurt a. M. 1996, 464–500, here 487.

[67] Max Imdahl argues that non-substitutable visual offerings in images surpass visual reality. The un-realization of a viewer in the presence of that which is presented is thus bound to the concrete visibility and state of being seen of a given image as well as its planimetric composition of self-determined and self-evident relations. Accordingly, such an image requires a formal, visual seeing that is self-determined and self-evident. Max Imdahl: "Überlegungen zur Identität des Bildes" (1979), in: *Max Imdahl: Gesammelte Schriften*, Vol. 3: *Reflexion – Theorie – Methode*, Frankfurt a. M. 1996, 381–423, here 381; Cf. also Imdahl 1996 (1980) (as in fn. 67), 486f.

depends on movement, i.e. that "we see only what we look at,"[68] he indicated that visibility involves haptics. In looking at them, the highlights and shadows of the structural reliefs affect the sense of touch.[69] According to Merleau-Ponty, it is this "extraordinary overlapping, which we never give enough thought to," that "forbids us to conceive of vision as an operation of thought that would set up before the mind a picture or a representation of the world [...]."[70] Through one's gaze, one approaches the world, opens up to it without appropriating it, without wanting to understand it or even being able to understand it.[71]

In the terminological differentiation of the digital, tactile, manual, and haptic, which Deleuze uses to approach Francis Bacon's painterly oeuvre, he is building on art historical research from the turn of the 19th into the 20th century. Heinrich Wölfflin advocated the developmental psychology of weaning off of a haptic comprehension in favor of a grasping through a distanced vision. According to him, the plastically perceived determinacy and stability of uniformly solid bodies with clear linear boundaries offered a substitute for haptic sensing with the fingers. The 'tactile image' became the 'visual image' and the 'linear' was replaced by the 'painterly' style. The tactile surfaces had been destroyed and what remained was an image space occupied by disjointed, juxtaposed patches of color, which first and foremost gave the optical semblance of a thing.[72] In his characterization of the inner form of the artwork according to the qualities of the plastic-linear or the painterly-

[68] Maurice Merleau-Ponty, "The Eye and the Mind," in: *The Primacy of Perception*, James M. Edie (ed.), Carleton Dallery (trans.), Evanston 1964, 159-190, here 160.

[69] Cf. Ibid., 160; see also Peter Bexte: "Tastaufnahmen: Reliefs im 20. Jahrhundert," in: Kristin Marek/Carolin Meister (eds.): *Berührung: Taktiles in Kunst und Theorie*, Paderborn 2022, 133–149, here 135.

[70] Merleau-Ponty 1964 (1961) (as in fn. 68), 161.

[71] Ibid.

[72] Heinrich Wölfflin: *Principles of Art History: The Problem of the Development of Style in Later Art*, M.D. Hottinger (trans.), 1950 (1932), 28. Because of its distance from the object, visibility lacks tangibility. According to Hans Blumenberg, the concept arose from the *'actio per distans,'* from acting at a spatial and temporal distance as an evolutionary protective mechanism against the potential vulnerability inherent in proximity to others. Hans Blumenberg: *Theorie der Unbegrifflichkeit*, Frankfurt a. M. 2018, 9, 11–13.

resemblant, Wölfflin responded to the question raised by Alois Riegl concerning the dominance of the sense of sight. According to Riegl, the plastic extension of things in space is not accessible to vision in any other way than through an interpretation of the optical indicators of modeling. Such indicators could be, for example, the partial shading of surfaces at the various concrete levels of depth found in reliefs. Identification through touch of an uneven 'tactical surface'[73] is a foundational experience. From that point onward, consciousness will always be based on this experience, as when the 'optical surface' inevitably shows areas of shadow spreading out next to each other. From the distance of optical sensing, the connection between the visible surfaces is thus interpreted as part of the formal structure of the relief as a whole. Form can only be plastically understood within the structural context of the relief.[74]

As early as 1435/36, Leon Battista Alberti pointed out in his treatise *De pictura* the connection between an understanding of creating haptic form in sculpture and the ability to model bodies in painting.[75] In Renaissance painting, the term *rilievo* was used to describe an artistic process that was aimed not merely at enhancing illusion, but at creating a haptic experience of an image, at the combination of haptic experience and optical imaging processes in order to create a visually resonant body through painterly means.[76]

[73] In the study *Late Roman Art Industry* that followed *Historical Grammar*, Alois Riegl uses the term 'haptic' instead of 'tactile.' Alois Riegl: *Late Roman Art Industry*, Rolf Winkes (trans.), Rome 1985 (1901).

[74] Alois Riegl: *Historical Grammar of the Visual Arts*, Jacqueline E. Jung (trans.), New York 2004, 192–195.

[75] Leon Battista Alberti: *On Painting and On Sculpture: The Latin Texts of De pictura and De statua*, Cecil Grayson (ed. and trans.), London 1972, 101.

[76] Markus Rath: "Die Haptik der Bilder: *Rilievo* als Verkörperungsstrategie der Malerei," in: ibid./Jörg Trempler/Iris Wenderholm (eds.): *Das haptische Bild: Körperhafte Bilderfahrung in der frühen Neuzeit* (= Actus et Imago. Berliner Schriften für Bildaktforschung und Verkörperungsphilosophie, Vol. 7), Berlin 2013, 3–29, here 6. As a symbol of a modern visual theory of haptic-optical reception, whose organic structure is designed for the activating power of operative images, Alberti created the emblem of a tactile eye to decorate the back of his portrait medallion. Markus Rath: "Albertis Tastauge: Neue Betrachtung eines Emblems visueller Theorie," in: *kunsttexte*, No. 1, 2009, 1–7, here 4; https://doi.org/10.48633/ksttx.2009.1 [24.04.2024].

Resemblance and Touch

Uecker's structural reliefs are imprinted with the traces of a body, a body which has painted and then worked through that paint. They display the withdrawal of touch from the painting ground and in them the optical and the haptic, the image and its process, identity and its alteration, all combine to become little more than a "symptomatic resemblance."[77] This is responsible for the sensation Georges Didi-Huberman calls a "representational anxiety."[78] Although the movements of the fingers churning through the paint are clearly visible in the *Fingermalereien* in particular, it would be wrong to speak of them as if they were depictions of those fingers. Nevertheless, their relation to representation or, more broadly speaking, to a calling forth to the mind of an absent other via an image can never be completely ignored.[79]

Though it may not be unproblematic that Edmund Husserl only treats an image as an image if there is an awareness of the appropriate, illustrative elements that emerge in the specific representational, actualizing, visualizing, and illustrative features of the image object, because "the conscious relationship to what is depicted is given,"[80] the difference between the depicting image (the image object) and that which it calls to mind, renders imaginable, or depicts as the depicted (the image subject) can be regarded as a minimal definition of the image. In the absence of that which is called to mind, the image offers the visible presence of a dissimilarity that permeates the similarity. Thus the movements of the short sections, the changes in direction, and the sinking and raising up of the relief structure undoubtedly depict neither Uecker's fingers nor his painterly execution itself. In the structural

[77] Georges Didi-Huberman: *Ähnlichkeit und Berührung: Archäologie, Anachronismus und Modernität des Abdrucks*, Köln 1999, 190.

[78] Ibid.

[79] Günter Figal: "Bildpräsenz: Zum deiktischen Wesen des Sichtbaren," in: Gottfried Boehm/Sebastian Egenhofer/Christian Spies (eds.): *Zeigen: Die Rhetorik des Sichtbaren*, München 2010, 55–72, here 57.

[80] Husserl 2006 (1980) (as in fn. 62), 33.

reliefs, similarity is provided through structural similarity.[81] The visual material has absorbed nonvisual forces and, thus, those movements of the visible[82] that are structurally realized by the viewer in the successive optical scanning of the image field as a visual all-over of the movements of the painting fingers that are called to mind.[83]

With the action *Spuren Auslöschen*[84] (*Obliterated Tracks*, figs. 9–12)—the concentrically expanding circle of his oeuvre around the center of physical imprinting permits this temporal and medial leap—Uecker demonstrated the interplay of touch and distancing in 1974/1977 (the work has not been definitively dated). He demonstrated the interplay of identity and its alteration in the effect of the forces of surging seawater by allowing it to enter a state of permanent actualization. The actional and highly ephemeral event of erasing traces was performed not only in front of a camera, but essentially *for* the camera.[85] Completely exposed, facing towards the sea, away from the camera and, thus, his would-be viewers, Uecker sat in the shallow surf of the Mediterranean coast of Libya. His arms spread wide, in a measure of the radius of action of his body, he drew circles in the sand with his fingers. Only shortly afterwards, however, he consigned the drawing to the sea, which washed it away. From the moment Uecker withdrew from the haptic

[81] Cf. Krämer 2011 (as in fn. 48), 235.

[82] Gilles Deleuze/Félix Guattari: *A Thousand Plateaus: Capitalism and Schizophrenia*, Brian Massumi (trans.), Minneapolis 1987 (1980), 342.

[83] Cf. Figal 2011 (as in fn. 24), 350f.

[84] References and numbering of the actions follow the list published in 2004: Katrin Salwig/Klaus Gereon Beuckers: "Verzeichnis der Aktionen von Günther Uecker 1959–1975," in: ibid. (eds.): *Günther Uecker: Die Aktionen*, Petersberg 2004, 219–229 (hereafter abbreviated to AV Salwig/Beuckers 2004).

[85] Lars Blunck: "Fotografische Wirklichkeiten," in: ibid. (ed.): *Die fotografische Wirklichkeit: Inszenierung – Fiktion – Narration*, Bielefeld 2010, 9–36, here 19. The perceptible difference between the 'liveness' of the execution of a performative act and its mediatization is a factor that receives its specific significance from the fact that an effect is achieved by means of a medial transformation that can only be achieved through a recording medium. Erika Fischer-Lichte: "Wahrnehmung und Medialität," in: ibid. et al. (eds.): *Wahrnehmung und Medialität*, Tübingen/Basel 2001, 11–28, here 20, 23f.

bodily space, the traces[86] in the sand continued to bear witness to an act directly related to the radius of action of his body and the effect of the surging seawater. But the traces do not show Uecker himself as the one who left a mark. The traces manifest the resemblance of the movements taking place (as the depicting image object) by means of which the execution of the action (as the depicted image subject) is to be called to mind by the viewer.[87]

In his text *Eupalinos, or The Architect*, published in 1923, Paul Valéry sketches out the primordial scene of Western aesthetics, which unfolds as a dialogue between Socrates and Phaedrus.[88] Valéry shifts the literary action of the essay to the edge of the Underworld, where the two men meet after their deaths. They stand on the banks of the Ilissos, the river of time, which casts souls on to that very bank, while all other things are swept away by the current and lose their substance in the passing of time. This context forms the basis of the dialogue, in the course of which Socrates recalls an incident from his youth: he was standing on the shore of the sea and found a piece of flotsam there, one of those things that the sea throws onto the beach. He recounts how he picked up this thing of the purest white, blew away the sand clinging to it, and rubbed it against his coat. Its peculiar shape was revealed and, all at once, the uniqueness of it determined all his thoughts.

Valéry's literary device, that of having Socrates look back on his encounter with this improbable thing, draws attention to the precise moment when the thing was torn out of the process of its deformation. For when the philosopher picked it up from the shore, he immediate-

[86] Here the unmotivated nature of the traces, the fact that they were left unintentionally, meets the motivated nature of those who interpret them as traces of a past event. Sybille Krämer: "Was also ist eine Spur? Und worin besteht ihre epistemische Rolle? Eine Bestandsaufnahme," in: ibid./Werner Kogge/Gernot Grube (eds.): *Spur: Spurenlesen als Orientierungstechnik und Wissenskunst*, Frankfurt a. M. 2016, 11–33, here 16.

[87] Cf. Rahel Villinger: "Form und Mimesis: Elemente frühromantischer Kunsttheorie bei Husserl, Benjamin, und Adorno," in: *Zeitschrift für Ästhetik und Allgemeine Kunstwissenschaft*, Vol. 60, No. 2, 2015, 277–298, here 289.

[88] Paul Valéry: "Eupalinos, or The Architect" (1923), in: *Dialogues*, William McCausland Stewart (trans.), New York 1956.

ly separated the thing from the forces of the sea that had just been deforming it. He interrupted the process in which touch and distancing successively concatenated to form the symptomatic identity of an *objet ambigu*. Once he was holding it in his hands, Socrates was unable to say who had made the *objet ambigu*, nor was he able to discover any resemblance between it and anything he knew. And yet this "fruit of an infinite lapse of time"[89] was not without form. Its composition of uneven hardness had resisted the eternal work of the sea. Its convoluted and compressed substance offered an appearance difficult to define, but one which nonetheless carried a certain significance.[90]

Just as the historical figure would have done, Valéry's Socrates also behaves 'in accordance' with his intellectual biography and insists on learning from Phaedrus that what is truly beautiful and befitting to man is that which astonishes him without confusing him. Socrates asks about the qualities of an objectivity that would be capable of such proportionality and strength.[91] Christian Grüny calls the *objet ambigu* "the transitional object *par excellence*," as it demonstrates the simultaneity of a clear determinacy and an irresolvable ambiguity, which makes it the proper object of aesthetics.[92] It proves useful to understand works of art as 'transitional objects,' because, in this way, both the objecthood of artistic creations—not necessarily 'works'—and their need to be realized may be considered.[93]

[89] Ibid., 115.
[90] Ibid.
[91] Hans Blumenberg: "Sokrates und das 'objet ambigu': Paul Valérys Auseinandersetzung mit der Tradition der Ontologie des ästhetischen Gegenstandes" (1964), in: *Hans Blumenberg: Ästhetische und metaphorologische Schriften*, Berlin 2017, 74–111, here 81f.
[92] Christian Grüny: "Übergangsobjekte: Kunsttheoretische Überlegungen," in: *Zeitschrift für allgemeine Kunstwissenschaft*, Vol. 58, No. 1, 2013, 57–80, here 59.
[93] Ibid.

Law and Product in the (Painterly) Actions

In his reading of Válery, Hans Blumenberg emphasizes the complementary relationship between the temporal aspects of the efficacy of nature and artistic work, which is structurally laid out in the narrative of his essay:

"The *objet ambigu* is the product of the multiplicity of natural forces at work in this zone [the zone between land and sea] in time, and what infinite time produces looks as if it had sprung from an artist's idea-guided intention, or had its place somewhere in the series of nature's attempts to try out, select, or reject organs for their functional expediency."[94]

Despite the infinite complications of natural factors and the infinite time frame of their operation, the finite form of the *objet ambigu*—as Valéry's Socrates notes—is, at the moment when he picks it up, its completed form. According to Blumenberg, the *temps infini* is thus complementary to the work of the artist; the predicate of the infinite moves from time to the work. In order to reach the point of perfected form, the artist must, in the short time given to him, devote his infinite labor to supplanting the randomness of nature with thought. He must formulate the formulas that contain the directive of how those creative gestures are to be carried out, from which a concrete form will finally emerge from an arbitrary multiplicity. The decisive difference lies between the law and the product of this action. What is essential is the becoming. By virtue of the defining directive, the (aesthetic) object emerges from the gesture, it emerges from the action, without that directive having already contained it, already formed, from the beginning. According to Blumenberg, the directive can be found or created, but its result is never already eidetically present.[95]

[94] Blumenberg 2017 (1964) (as in fn. 91), 90.
[95] Ibid., 87.

Thus, the action *Spuren Auslöschen* did not end when Uecker got up and walked into the ocean tide; for it was the forces of the water that effected the erasure of the traces. Uecker left his traces behind, abandoned them to the sea, and set in motion the process of their obliteration. Only in the final photograph taken does the decision, made jointly by the artist and photographer, to show that there was seemingly nothing more to see once the traces had completely disappeared become manifest. One would be mistaken, however, to claim that there was nothing to see in this photograph. In the successiveness and narrative thrust of this series of documentary images, it is not simply the absence of the traces that were still visible in all the other photographs that is revealed, but above all the effect of the water. It shows the infinite time of natural influence and deformation, out from which the nascent plane of a new drawing ground is about to emerge. With the sequential photographic documentation of the action, a formal framework has been established within which the potentially infinite advance of the water and the indeterminable deformation of the traces is set into relation both to the finiteness of the number of intervals of the swelling and subsiding of the surf and the intervals of the photographic images. In these intervals, within the infinite as deficiency, the randomness of nature is replaced by the aesthetic principle of structure. The averted formlessness still shines through in the potentiality of the formation.[96]

[96] Ibid., 92f.; see also Franz Engel/Yannis Hadjinicolaou: "Formwerdung und Formentzug: Zur Einleitung," in: ibid. (eds.): *Formwerdung und Formentzug* (= Actus et Imago. Berliner Schriften für Bildaktforschung und Verkörperungsphilosophie, Vol. 16), Berlin/Boston 2016, VII–XVI, here XII.

Giving-form-to and Formation

With its dimensions of 44.5 by 40 centimeters, the small-format monochrome *Vertikale Struktur Weiß* (*White Vertical Structure*, 1958, fig. 13) shows 28 indentations into the pastose white paint applied along the vertical axis of the work, running parallel at relatively even intervals, and, in their configuration, are placed into relation with the extension of the picture field. Gradually—probably with a sort of rake, or a board with nails attached to it[97]—Uecker scraped out the paint, in some places all the way down to the ground of the work. Between them, the corresponding 29 alternating, comb-like accumulations of paint material remained. Uecker restricted his painterly action to these acts of scraping out the paint material, just as he also restricted it through a relatively uniform parallelism and the direct reference of the parallel configuration to the vertical extension of the picture field. The picture field is thus established as a planimetric compositional system of surfaces, which, in the self-governing and self-evident relations of the non-substitutable visual offering of the serial structure, establishes the 'invariable formal structure of wholeness' as an essential aesthetic principle.

The intervals form the interstices within which Uecker allowed the protruding paint material to accumulate into formations. To a certain extent, Uecker left the 'self-raising' of the bulges to themselves. What he removed in one section accumulated elsewhere. In its manipulation of the material, the outstretched hand followed the resistance and the yielding, it followed in the act of painting the furrows that were always slightly ahead of it. The intention to realize the entire structure-forming potential of the impressions within the formal feature of the intervals is incorporated into the protruding of the formations, a dimension that thus "exceeds that intention."[98] As each added parallel line displaced the new material that came into contact with the adjacent

[97] Holeczek 1992 (as in fn. 22), 14.

[98] Cf. Jean-Luc Nancy: "Gestural Pleasure," in: ibid.: *The Pleasure in Drawing*, Philip Armstrong (trans.), New York 2013 (2009), 37–43, here 39.

masses of paint, Uecker channeled the infinite complications of the natural processes of displacement and accumulation into the decidedly structure-forming intervals of the 28 scraped-out depressions. With each newly raised line, a certain amount of paint material was removed and immediately displaced into the adjacent ridge. It widened and heightened them, thereby further and further enclosing the formations of the exposed ground. If the aesthetic principle of the interval in the *Fingermalereien* can be expanded to incorporate the entire field of the image, atomizing all formations, *Vertikale Struktur Weiß* extends the 'endogenous processes' of the formation into the formal properties[99] of the intervals related to the vertical extension of the image field. Through the serial structure, the paint material is given a form. And yet, according to Heinz Mack, "there can no longer be any question of the creation of form in the previous sense [...]."[100]

Two seemingly complementary characteristics make the painterly act an artistic one: On the one hand, it is the willingness to follow the emergence of the form, this movement of 'formation' that takes place between hand and material, and the 'self-raising' of the bulges;[101] on the other hand, it is the determined regularity to which the action is subjected. The tension inherent in the production process between the attempt at control and the partially permitted loss of control characterizes the particular 'arrangement'—in the literal sense of 'placing things together'—in which the vertical structure that gives the painting its title presents itself. Because Uecker subjects the execution of the painterly

[99] In contrast to the 'eidetic notion of form,' according to which form must reproduce something according to the principle of imitation and is characterized by an outline that guarantees object identity theoretically and through time, the notion of 'endogenous form,' according to David E. Wellbery, leaves room for temporally extended processes of emergence in the interplay of variance and invariance. David E. Wellbery: "Form und Idee: Skizze eines Begriffsfeldes um 1800," in: Jonas Maatsch (ed.): *Morphologie und Moderne: Goethes 'anschauliches Denken' in den Geistes- und Kulturwissenschaften seit 1800* (= Klassik und Moderne. Schriftenreihe der Klassik Stiftung Weimar, Vol. 5), Berlin/Boston 2014, 17–42, here 19.

[100] Heinz Mack: "Die neue dynamische Struktur" (1958), in: Dirk Pörschmann/Mattijs Visser (eds.): *4 3 2 1 ZERO*, Düsseldorf 2012 [reprint of *ZERO*, Vol. 1, 1958], 15–16, here 15.

[101] Cf. Nancy 2013 (as in fn. 98), 78.

actions to a regularity, the concrete appearance of the processed surface emerges from precisely those movements that obey the directive of uniformity and the uniformity of seriality—despite all leaving of traces, despite the largely permitted outward bulging of the paint material.

The integration of the formations that recede under the influence of the fingers, revealing the ground of the aesthetic principle of the impression of a serial structure, is all that is given in the image. There is nothing to be added. The particular configuration of the structural reliefs 'through' a displacement of material, which recedes under the force of the painting hands, makes the 'as' of realization fragile.[102] The modern valorization of the creative subject marks a caesura. Their work is no longer an act of reproducing an ideal mode of givenness and of referencing another, exemplary being that has already been realized by the demiurge. The work reveals an immanent structure, one which, according to Blumenberg, is itself this exemplary being within man's condition.[103] And Uecker's structural reliefs are of this structure. The reference to the given outside world is subordinate; the difference between the actualizing image (as the image object) and that which it actualizes (as its image subject) cannot be reduced to a mere reiterative imitation. For concrete painting has the capacity, as a system of surfaces and in the unfolding of the expressive powers inherent in the values of those surfaces, to open up such optical experiences that make the unknown and the unseen accessible beyond all physical-spatial visibility and all previously known signs.[104] Thus, the serial structure is the perceptualization and the immediate manifestation of the aesthetic principle,[105]

[102] Cf. Dieter Mersch: "Einleitung (Ästhetische Differenz: Über die 'Weisheit' der Künste)," in: *figurationen: gender – literatur – kultur*, Vol. 17, No. 1, 2016, 7–21, here 10.

[103] Hans Blumenberg: "'Nachahmung der Natur': Zur Vorgeschichte der Idee des schöpferischen Menschen" (1957), in: *Hans Blumenberg: Ästhetische und metaphorologische Schriften*, Auswahl und Nachwort von Anselm Haverkamp, Berlin 2017, 9–46, here 12, 45.

[104] Imdahl 1996 (1979) (as in fn. 67), 383f.

[105] Cf. Mersch 2016 (as in fn. 102), 11.

one which refuses any act of transcription, and therefore of an 'aesthetic thinking.'[106]

Because of the tension by means of which the aesthetic principle of the elementary serial structure is formulated, the formation burgeoning in endogenous processes does not remain at the edge of the formal structure as formless. Rather, the unfolding tension between the seemingly formless and the formed structure testifies to the intention of showing the potential of becoming form inherent in the processes of formation. This potential is realized in the visual scanning of the impressed, intended serial structure, which restrains and curbs the movements of the formation. If the viewer touches this restraining of formation, he touches, according to Nancy, the sensual shock of aesthetic pleasure.[107] Because it seems to him as if the structural relief reveals the power that takes possession of the forms, as if the power of the form opening up to its own formation is revealed, the viewer is receptive to the haptic-affective effect.

III Noli me tangere

The "Touch me not" that Christ, risen from the dead but not yet ascended to the Father, replied to Mary Magdalene at the moment when she, who until these words had thought him a gardener, wanted to touch him,[108] is to be interpreted, according to Nancy, as a true, restrained, non-possessive, and non-identifying touch. Because the true gesture of giving oneself does not mean the bestowal of a tangible thing, Christ's withdrawal is not a refusal. Rather, it signifies the allowance of

[106] Dieter Mersch: *Epistemologien des Ästhetischen*, Zürich/Berlin 2015, 11.

[107] Nancy 2013 (as in fn. 98), 38; see also Jean-Luc Nancy: "The Birth to Presence," Brian Holmes (trans.), in: *The Birth to Presence*, Stanford 1993, 1–6.

[108] John, Chapter 20, Verses 14-17: "Having said this, she turned around and saw Jesus standing, but she did not know that it was Jesus. Jesus said to her, "Woman, why are you weeping? Whom are you seeking?" Supposing him to be the gardener, she said to him, "Sir, if you have carried him away, tell me where you have laid him, and I will take

the touching of a presence and, consequently, of its eclipse; touching both the absence and the continuity according to which presence must always give itself in order to render itself as such.[109]

In painting, this prohibition to touch, based in a religious context, because of which images are confined within "zones of fear of touch,"[110] has been portrayed many times. The altarpiece *Noli me tangere* (c. 1492, fig. 15) by Bartolomeo Montagna (1450–1523), which belongs to the collection of the Gemäldegalerie in Berlin, wonderfully illustrates the paradoxical logic of a surface layer which, as Grave shows,[111] does not, on close inspection, open up completely to the ideal (image) space already established in inner vision. Yet without this image space, Christ would be deprived of the room to maneuver that enables him to recoil from Mary Magdalene's touch in the first place. The two saints John the Baptist and Jerome are set in an architectural structure in the frontmost layer of the painting, separated from a second layer behind them,[112] which would seem to lead the viewer's gaze into a landscape where the events described in the Gospel of John take place. Initially, the architectural elements of the extremely flat pilasters with their wide projecting corbels may give the impression of supporting heavy arches, but pilasters require a wall as a backdrop. Consequently, there is no view through, but rather a wall closure. The wall functions as a ground for the mimet-

him away." Jesus said to her, "Mary." She turned and said to him in Aramaic, "Rabboni!" (which means Teacher). Jesus said to her, "Do not cling to me, for I have not yet ascended to the Father; but go to my brothers and say to them, 'I am ascending to my Father and your Father, to my God and your God.'"

[109] Nancy 2008 (2003) (as in fn. 15), 50.

[110] Hartmut Böhme: "Zonen der Berührungsfurcht – Tactus und Visus im Bildgeschehen," in: Tina Zürn/Steffen Haug/Thomas Helbig (eds.): *Bild, Blick, Berührung: Optische und taktile Wahrnehmung in den Künsten*, München 2019, 31–56.

[111] Johannes Grave particularly emphasizes this paradoxical play within the then newly developed linear perspective, which added decidedly new visual inventions to the prohibition of touch within Christian representation. Johannes Grave: *Architekturen des Sehens: Bauten in Bildern des Quattrocento*, Paderborn 2015, 140–144.

[112] Adolf Hildebrand finds the condition of the essentially planar perception of a relief founded in the formation of less differentiated surface units that are related to the foreground to be the main surface of an image. Adolf Hildebrand: *Das Problem der Form in der bildenden Kunst*, Strasbourg 1897, 54f., 72.

ic reproduction of the landscape and, embedded in it, the encounter between the risen Christ and Mary Magdalene.

Aware of the architectural function of the pilasters, the viewer detaches the image from itself; he detaches it from the totality of the ideal image space so that to him it now appears between the pilasters as an image framed by itself.[113] The wall proves to be a flat, haptic ground. Because the staggering of the figures within the depth of the ideal image space could only be indicated by their overlapping each other, but the image appears in the painting in its wall-bound flatness, there can be no doubt that the figures are arranged next to each other. The perceived appearance of spatial distance between them evaporates, so that the paradoxical insight that the figures are touching each other on a single plane prevails: Christ's right hand touches Mary Magdalene's head, while her right hand touches the foot of the risen Christ. In order to touch the incomprehensible presence of the Risen One, however, that touch must retreat into the distance of seeing: the Risen One must retreat from Mary Magdalene's touch in order that she might see. And thus the viewer sees this surface layer of the painted altarpiece as if it were rising up a second time from the ground of the painting. He refrains from touching the haptics of this ground framed by pilasters and instead believes that he is peering into the depths of a second image space that has opened up. And with this, Christ and Mary Magdalene finally regain their visual, enraptured presence.

The structural reliefs do not make the long-gone touch of the painting fingers visible. They are, rather, an offering which cannot be otherwise substituted to show what is simply not visible in any other way. They allow us to see the impression of an invariable formal structure of wholeness. They allow us to see the complementary relationship between the never-ending work of enclosure and the potentially never-ending evolution of formations, i.e. where aesthetic thinking manifests itself. For, according to Nancy, the image can be "sight" precisely and

[113] Cf. Nancy 2005 (as in fn. 16), 7.

only when it is seen, "and it is sight when vision creates itself in and through it, just as vision only sees when it is given with the image and in it."[114] The structural reliefs may be the results of haptic action, of furrowing through the still wet paint material down to the inescapably haptic materiality of the ground,[115] though this is often overlooked. In its capacity as the ground of the image, the materiality of that ground dissolves. It emerges as itself through its dissolution. Its essential function, underpinning the essence of the image, is differentiation. Through the markings introduced by and on them, images differentiate that which, according to Nancy, is "no longer of the order of touch; not exactly an untouchable, then, but rather an impalpable."[116] Just as Christ, already understood as moving away, withdrew, while Mary Magdalene tried to erase the (optical) distance through her approaching touch, the immaterial-optical level of the image object withdraws from the ground, which is present in the haptic-material physical image. In this context, Martin Heidegger speaks of the conflict between World and Earth in his essay *The Origin of the Work of Art*.[117] The tension between withdrawal and approach is the sensually imperceptible (unintelligible) meaning of the image. It rings out as such in the image.[118]

[114] Nancy 2008 (2003) (as in fn. 15), 12.

[115] Alois Riegl emphasizes the unavoidable tactical materiality of the (relief) ground. The ground is the ideal appearance of an absolutely depthless and therefore spaceless plane, the partition through which all obtrusive space behind the optical (upper) surface of the relief is cut off. Riegl 1985 (1901) (as in fn. 73), 61.

[116] Nancy 2005 (as in fn. 16), 2.

[117] "[...] in setting up a world, does not let the material disappear; rather, it allows it to come forth for the very first time, to come forth, that is, into the open of the world of the work." "Color shines and wants only to shine. If we try to make it comprehensible by analyzing it into numbers of oscillations it is gone. It shows itself only when it remains undisclosed and unexplained." Martin Heidegger: "The Origin of the Work of Art" (1950), in: *Off the Beaten Track*, J. Young, & K. Haynes (trans.), Cambridge 2002 (1950), 1–56, here 24f.

[118] Nancy 2005 (as in fn. 16), 6, 18.

The entire structure-forming potential of the structural reliefs is founded in the specific formal characteristics of the very intervals in which an elementary structure manifests itself. Consequently, the ideal genesis of self-formation can be reconstructed from it as an 'endogenous formal process.'[119] It is grounded in logic. However, because a certain contingency is inherent in the constellations of formations, alternatives can be proposed at any time.[120] The initially perceived parallel structure of haptic furrows and bulges in the pastose application of white paint is a first aspect, the aesthetic principle of the serial elementary structure with the endogenous processes of the formation of 28 intervals related to the vertical extension of the picture field is a possible second aspect, and the optical markings of the successive action crystallized into a simultaneously visible configuration are a third aspect of the structural relief *Vertikale Struktur Weiß*.

In the awareness that the object of perception has not materially changed, the paradoxical experience can arise in which the image does not simply allow the change of aspect, the reversal, the transformation, or the fluctuation to be experienced with particular intensity; the 'showing' of the different modes of perception, [121] which have been calculatedly juxtaposed, is bound to the self-demonstration of the image.[122] Notic-

[119] Cf. Wellbery 2014 (as in fn. 99), 40.

[120] Cf. Mersch 2015 (as in fn. 106), 11f. Michael Makropoulos differentiates between the two temporal forms of changeability and variability in which contingency manifests itself. Changeability has a dimension defined by the given and, therefore, of a limited horizon of possibilities into the future. In contrast, variability reveals itself as a retrospective determination that presupposes the 'having-occurred' of an event. Michael Makropoulos: "Blumenberg und die Ontologie des ästhetischen Gegenstandes," in: Michael Heidgen/Matthias Koch/Christian Köhler (eds.): *Permanentes Provisorium: Hans Blumenbergs Umwege*, Paderborn 2015, 93–111, here 96.

[121] Michael Lüthy: "Ambiguität in der bildenden Kunst: Eine differenzierende Bestimmung," in: Bernhard Groß et al. (eds.): *Ambige Verhältnisse: Uneindeutigkeit in Kunst, Politik und Alltag*, Bielefeld 2021, 73–109, here 75; Michael Lüthy: "Das Medium der ästhetischen Erfahrung: Wittgensteins Aspektbegriff, exemplifiziert an Pollocks Malerei," in: Gertrud Koch/Kirsten Maar/Fiona McGovern (eds.): *Imaginäre Medialität/ Immaterielle Medien*, München 2012, 125–142, here 136.

[122] Figal 2010 (as in fn. 79), 65.

ing the ambiguity, noticing the possibility that opens up to the viewer to carry out a series of changes in aspect, is not the end; it marks what is only the beginning of the interpretative confrontation with the specific aesthetic performance given by the aesthetic object.[123] This ambiguous articulation has more than one distinct meaning. No single aspect takes precedence over another. The viewer must evaluate the aspects, each of which have a different, enduring effect.[124] Montagna's altarpiece, for example, shows an image space represented in perspective, but also a wall—functioning as the ground—that is itself a surface layer that in its turn supports the depiction of the opening of a further image space. In a comparable way, the decision to bind the markings of the structural reliefs' image fields—as crystallizations of the executed painterly action—to the aesthetic principle of the serial elementary structure, itself bound up with the endogenous processes of formation, signifies a specific and determined theoretical setting that takes as its point of departure the appearance of the structural reliefs as perceived by the viewer. In both—albeit historically disparate—visual inventions, viewing time and image time are intertwined. As the time of viewing expands, so too does the phenomenon that is being perceived, a process that can prove to be increasingly complex.[125]

As effective structures of interaction, the formally fixed constellations of the visual impression inevitably necessitate a viewer. In order for one aspect to prove essential and ultimately effective in relation to another, a viewer is required; one who receives the non-substitutable visual offering of the structural relief and responds to that image through the act of comprehending its aspect. The structural reliefs demand realization.

[123] Lüthy 2021 (as in fn. 121), 86f.
[124] Ibid., 74, 76.
[125] Johannes Grave calls this phenomenon the 'reception-aesthetic temporality of the image.' Johannes Grave: *Bild und Zeit: Eine Theorie des Bildbetrachtens*, München 2022, 25.

Every force that seems to enable the image to leap from latency into externally effective feeling, thinking, and acting is a product of the viewer's realization of the non-substitutable offering made by that image. The apparent agency of the image is fundamentally not in question.[126] The serial elementary structure, along with the formations bound within it, is a visible configuration of the crystallized markings of the executed action, though it would be wrong to ascribe to the image "an active role of its own in its interplay with the viewer,"[127] as Horst Bredekamp suggested in his definition of the 'image act.' The fact that the viewer is obliged to realize the time of his optical scanning of the picture field as an apparent convergence of the time of the image's creation and of its observation also means that he is not witness to the apparently protruding paint matter that gathers into formations within the intervals of the serial structure; this would be a form of 'intrinsic image act.'[128] In fact, the viewer is involved in effective structures as potentials within the structural reliefs, which relate mimetically to the endogenous processes of formation that appear in the painting as though they were animate.[129]

The monochrome work *Schwarze Lunge* (*Black Lung*, 1957, fig. 14) makes this charged relation particularly clear. The visual impression is established in a vertically-oriented, rectangular picture field, itself divided into four compartments according to width, which in turn exhibit a shift in emphasis by extending the parallel structure beyond the center of the work into the left half of the image field. The vertical staggering of the parallel structure of haptic furrows and bulges is oriented along

[126] Markus Klammer/Malika Maskarinec/Rahel Villinger/Ralph Ubl: "Formbildung und Formbegriff: Zur Einleitung," in: ibid. (eds.): *Formbildung und Formbegriff: Das Formdenken der Moderne*, Paderborn 2019, 9–30, here 19.

[127] Horst Bredekamp: Der Bildakt: *Frankfurter Adorno-Vorlesungen 2007*, Berlin 2015 [new edition], 59.

[128] Ibid., esp. chapter V.

[129] Cf. Villinger 2015 (as in fn. 87), 291. Rahel Villinger particularly emphasizes here that form is intrinsically conceived: form splits into the imaging and the imaged, into the forming and the formed, into the (self-)depicting and depicted. This intrinsic division of form makes it possible to think of the becoming-form of content as well as the becoming-content of form as immanent to the work or immanent to the form. Ibid., 280–282.

the horizontal within each of the four compartments. In the left-hand compartment, it follows this schema as far as possible, tending to lean towards it on both sides of the trench, which has been shifted from the center of the image to the left, and approaches the horizontal again in the compartment on the far right. The paint itself, a high-gloss black, allows the light to bounce back and forth within the flat interstitial areas of the relief. Through his movements in this light space, itself shared with the outer, material face of the structural relief, the viewer can realize in its uniqueness the surface structure, which, in the contrast of ascending and descending lines appears to be haptic and arcing gently upwards. He touches the haptics of the image.[130] He realizes an impression wherein he seems to encounter a living, embodied image. Uecker's titling of the piece is certainly deliberate, suggesting as it does to the viewer's imagination that the body of the painting is rising and falling, just as a ribcage gently rises and falls around inflating and deflating lungs.

This is undoubtedly also an effect of the language of art-historical description, which can tend to conceal actual appearance and allow the endogenous processes of formation to take on a life of their own and make them appear to be producing their own effects.[131] Bredekamp notably follows in a tradition, one which continued from antiquity until the Enlightenment, of understanding images as *'imagines agentes'*[132] because an *energeia* could be attributed to them. The effective power of evoking such a heightened presence of the image meant that they could present to the viewer that which is merely simulated as reality. After the publication of his terminology, Bredekamp saw himself confronted with the criticism that he was "revitalizing with the image act an outdated aspect, that of the magical image."[133] However, he formulated the term of the 'image act' in order to expand the mechanisms of the recipient,

[130] Cf. Mühleis 2022 (as in fn. 50), 159.
[131] Grave 2020 (as in fn. 28), 93.
[132] Bredekamp 2015 (as in fn. 127), 30.
[133] Ibid., 12.

which were based on their psychology and social embedding, in order to understand images as "pseudo-animate sources of arousal" [134] that bring about a systematic interplay with the viewer. This interplay is an interaction between image and viewer, an interaction in the process of which the semblance of animateness is realized in such a way that it becomes the source of the viewer's own affected state, whereby, according to Bredekamp, the essential impulse—and it was this assertion that sparked criticism—comes from the viewer's counterpart, i.e. the image.[135] According to Bredekamp, the theory of embodied cognition "continues to understand in principle the body and the means of thinking as extensions of a cerebral-centric core" and suffers, therefore, "from the short circuit from which it seeks to escape." [136]

Bredekamp countered the objections raised against his terminology with criticism of those theories in the context of the image act that, in their specific variety of 'enactivism,' themselves "hardly go beyond a postponement and externalization of thinking":[137] namely the theories of 'embodied cognition,' of the pre-conceptual 'body schema,' 'bodily resonance,' as well as the theory of 'affordance structure.' In fact, all these theories are characterized by a shifting of agency, of the seeming power of the image to act, into the situation of the encounter between image and viewer. Attention is thus focused on the interactions, on the 'aesthetic object' as constituted in the viewer's experience. The realization of this object by the viewer is limited by the potentials and conditions of the image.[138]

[134] Horst Bredekamp: "Bildakt," in: Marion Lauschke/Pablo Schneider (eds.): *23 Manifeste zu Bildakt und Verkörperung*, Berlin/Boston 2018, 25–33, here 26.

[135] Ibid.

[136] Bredekamp 2015 (as in fn. 127), 18. In the preface to the new version of *Bildakt,* Horst Bredekamp reacts to the criticism he has received and sets out a fundamental justification of his research. Ibid., 9–19.

[137] Bredekamp 2018 (as in fn. 134), 32.

[138] Grave 2020 (as in fn. 28), 100.

The Withdrawn Touch

The specific form of situating the viewer, through potentially affectively operative structures, in a relation to the structural reliefs and binding him to them through the perceptual acts triggered by them is a visual 'preparation,'[139] an artistic positioning, and an intervention in the situation of observing the image, all of which aims not only to influence the viewer, but to make something possible in the first place and, at the same time, exclude other possibilities. In his movements within the light space shared with the material exterior of the structural reliefs, the viewer enters into a relational network of associations with the images. As preparations for 'iconic affordance,'[140] the structural reliefs emerge from the interaction of the reception process via the viewer's scanning gaze. Such painting "invests" the eye "through color and line" and, as Deleuze puts it, it is able to free the eye "from its adherence to the organism, from its character as a fixed and qualified organ";[141] it "becomes virtually the polyvalent indeterminate organ that sees the body without organs [...] as a pure presence."[142] Therefore, it is the viewer alone who gives the structural reliefs their specifically temporally extended performative significance by realizing the aesthetic principle they present.[143]

Just as the coloration brings about the passage from the materiality of the paint to a luminously colored appearance, the haptic action brings about the transfer of the materiality of the paint into the aesthetic principle of the serial elementary structure of the intervals; and,

[139] Johannes Grave/Joris Corin Heyder/Britta Hochkirchen: "Jenseits der Dichotomie von Bild und Kontext: Zur Bedeutung von Zurichtungen des Bildersehens – Eine Einleitung," in: ibid. (eds.): *Vor dem Blick: Zurichtungen des Betrachtens von Bildern*, Bielefeld 2022, 7–43, here 17.

[140] Marion Lauschke: "Ikonische Formprozesse und Affordanzen: John Dewey und Paul Klee," in: ibid./Johanna Schiffler/Franz Engel (eds.): *Ikonische Formprozesse: Zur Philosophie des Unbestimmten* (= Image. Word. Action, Vol. 3), Berlin/Boston 2018, 45–62, here 53.

[141] Deleuze 2003 (1981) (as in fn. 64), 52.

[142] Ibid.

[143] Cf. Lauschke 2018 (as in fn. 140), S. 53.

finally, the aesthetic principle brings about the appearance of the relief structure in light.

If the viewer scans with his gaze the furrows and bulges revealed in the appearance through light of the serial elementary structure and the endogenous processes of formation, he can discover a structural resemblance in them, one which he is able, because of his own ambulatory physicality, to perceive through proprioception and kinesthesia.[144] This structural resemblance establishes a connection between the processuality of inscription into a image field, a connection between the painterly action and the structure that is spread across the field of the image. The viewer realizes the temporality of this expansion by means of the effective structures in operational relation to him. Here the specific structural density reveals an aesthetic thinking in the physical act of the haptic preparation of the structural reliefs by binding the formations into the intervals of the serial elementary structure. The preparation is the sedimented time of the image content within the iconic presence of the structural reliefs. Dissolving their temporal compaction requires that we take our time while looking at them.

Thus, the act of realizing the structural reliefs in a mode of ambiguity is an act which takes place on the threshold of an image-exogenous production time and an image-immanent existence time. Each tends to merge into the other.[145] As artistic creations, the structural reliefs as aesthetic objects pass through the viewer in his realization of their aesthetic configuration and into the essential aspect of immanent historicity of their creation through haptic-painterly action. The structural reliefs are this transition.[146] When the viewer realizes the structure-forming potential of the aesthetic principle, he touches the intensity of the ges-

[144] Krois 2011 (as in fn. 32), 214f.

[145] Klaus Gereon Beuckers has demonstrated the merging or partial combining of image-immanent and image-exogenous temporal modes in Uecker's nailing works performed before an audience. Klaus Gereon Beuckers: "Rhythmus, Klang, Ton – Musik: Bemerkungen zur akustischen Komponente in den Aktionen von Günther Uecker und der Aktionskunst der 1960er Jahre," in: ibid. (ed.): *Günther Uecker: Die Aktionen*, Petersberg 2004, 137–177, esp. 138f, 172.

[146] Cf. Grüny 2013 (as in fn. 92), 64, 72.

ture of formation, which is contained in the intervals and bound up with the serial elementary structure. He touches the withheld haptics of the painterly action, which finally breaks through.[147]

Uecker's structural reliefs allow the viewer to see that which affects, to the utmost degree, his sense of touch, only to then withdraw from actual touch and throw the viewer back onto his vision. The effective structures of haptic affection can be approached conceptually, and yet the structural reliefs remain in a limbo that cannot be fully—neither actually nor perceptually—grasped. This is the essence of Uecker's oeuvre, which he has developed and increasingly differentiated over the course of decades.

[147] Cf. Nancy 2013 (2009) (as in fn. 98), 38.

Zum Autor

Nick Böhnke, geb. 1985 in Schwerin, ist Wissenschaftlicher Mitarbeiter am Kunsthistorischen Institut der Christian-Albrechts-Universität zu Kiel. Er studierte Kunstgeschichte und Europäische Ethnologie/Volkskunde an der Christian-Albrechts-Universität zu Kiel, wo er 2019 mit einer Studie zu den Aktionen Nam June Paiks im rheinischen Fluxus-Umkreis promoviert wurde, die 2021 unter dem Titel *Nam June Paik. Pionier der Aktionskunst* erschien. Schwerpunkte seiner Forschung und Lehre sind die Performativitätsschübe nach 1945, die Interdependenz von Bild und Handlung, das Verhältnis von Form und Farbe in der Klassischen Moderne sowie Fragen der ästhetischen Bildung unter den Bedingungen der Postdigitalität.

Das Günther Uecker Institut förderte das Forschungsvorhaben zu den Strukturreliefs Günther Ueckers der späten 1950er-Jahre, dessen Ergebnisse in diesem Text nun vorliegen, mit dem Forschungsstipendium 2022.

About the Author

Nick Böhnke, born in Schwerin in 1985, is a research assistant at the Institute of Art History at Kiel University. He studied art history and European ethnology/folklore at Kiel University, where he completed his doctorate in 2019 with a study on Nam June Paik's actions in the Rhenish Fluxus circle, which was published in 2021 under the title "Nam June Paik: Pioneer of Action Art." His research and teaching focuses on the post-1945 performativity movements, the interdependence of image and action, the relationship between form and color in classical modernism, and questions of aesthetic education under the conditions of post-digitality.

In 2022, the Günther Uecker Institute supported the research and production of this text with its annual research grant.

Impressum

Berührung im Entzug. Struktur, Temporalität und Haptik des malerischen Handelns an den frühen Strukturreliefs Günther Ueckers |
The Withdrawn Touch: Structure, Temporality, and Haptics of Painterly Action in Günther Uecker's Early Structural Reliefs

Texte | Texts
Nick Böhnke (Essay)
Katharina Neuburger (Vorwort | Foreword)

Die Publikation ist Teil der Schriftenreihe *Notizen zu Uecker* | This book is part of the publication series *Notes on Uecker*

Herausgeberin | Editor
Katharina Neuburger für | for
Günther Uecker Institut e.V.

Projektleitung | Project Manager
Antonia Gradnitzer

Lektorat | Text Editing
Christine Wölfle (Dt.)
Everett F. Mason (Engl.)

Übersetzung | Translation
Everett F. Mason, maison intertext

Grafische Gestaltung | Graphic Design
Johanna Neuburger, logografisch

Bildnachweise | Image Credits
S. 10, 11: GUI
S. 57–59: Rolf Schroeter
S. 68, 69: Wilfried Kaute
S. 73: CC by Sailko

Druck | Printing
Bechtel Druck GmbH & Co. KG, Ebersbach/Fils

Library of Congress Control Number:
2024939418

Bibliografische Information der Deutschen Nationalbibliothek
Die Deutsche Nationalbibliothek verzeichnet diese Publikation in der Deutschen Nationalbibliografie; detaillierte bibliografische Daten sind im Internet über http://dnb.dnb.de abrufbar.

www.deutscherkunstverlag.de
www.degruyter.com

GÜNTHER UECKER INSTITUT e.V.
Hospitalstraße 5a
19055 Schwerin
www.guenther-uecker-institut.de

ISSN 2752-0218
ISBN 978-3-422-80242-1
Printed in Germany

E